राष्ट्रोत्थान में आर्य नारियों का योगदान

संस्कृति, शक्ति और समाज के उत्थान में नारी की भूमिका

धृति घिमिरे

Made with ❤ on the Notion Press Platform
www.notionpress.com

गायत्री मंत्र

ॐ भूर्भुवः स्वः तत्सवितुर्वरेण्यं
भर्गो देवस्य धीमहि। धियो यो नः प्रचोदयात्॥

॰◦

समर्पण

यह पुस्तक समर्पित है मेरी माँ को, जिनकी अनुपस्थिति ने मेरे जीवन को एक
नई दृष्टि और संघर्ष की शक्ति दी।

माँ, भले ही आपका साथ मेरे बचपन में न रहा हो, लेकिन आपकी कमी ने मुझे
यह सिखाया कि जीवन में हर चुनौती को स्वीकार करना और हर परिस्थिति में
आगे बढ़ना कितना महत्वपूर्ण है। आपकी अनुपस्थिति ने मुझे भीतर से मजबूत
बनाया और मुझे वह संकल्प दिया, जो इस पुस्तक के लेखन में सहायक हुआ।

आपकी स्मृतियों ने मुझे यह सिखाया कि मातृत्व केवल शारीरिक उपस्थिति से
नहीं, बल्कि भावना और आदर्शों से परिपूर्ण होता है। यह पुस्तक आपकी स्मृति
को एक श्रद्धांजलि है।

आपकी अनुपस्थिति में भी, आपने मेरे जीवन को आकार दिया है।

आपकी स्मृतियों को सादर समर्पित।

॰◦

क्रम-सूची

क्रम-सूची

क्रम-सूची

प्रार्थना

मंत्र:

ॐ भद्रं कर्णेभिः श्रुणुयाम देवाः।
भद्रं पश्येमाक्षभिर्यजत्राः।
"स्थिरैरङ्गैस्तुष्टुवांसस्तनूभिर्व्यशेम देवहितं यदायुः॥"

(ऋग्वेद 1.89.8)

भावार्थ:

यह श्लोक मानव जीवन के कल्याण और स्वस्थ जीवन जीने की कामना का प्रतीक है। इसमें प्रार्थना की गई है कि हम अपनी इंद्रियों के माध्यम से केवल शुभ बातें सुनें, मंगलमय दृश्य देखें, और हमारा शरीर स्वस्थ रहे ताकि हम अपने जीवन को देवताओं और समाज के कल्याण में लगा सकें। यह श्लोक सकारात्मकता, शांति, और आंतरिक सशक्तिकरण का संदेश देता है।

लेखिका के बारे में

धृति घिमिरे का जन्म नेपाल के लुम्बिनी ज़ोन में स्थित सुरम्य और स्वर्ग के समान माने जाने वाले पाल्पा के पहाड़ी क्षेत्र में हुआ। पाल्पा की प्राकृतिक सुंदरता और सांस्कृतिक संपन्नता ने उनके व्यक्तित्व को गहराई से प्रभावित किया। उनका बचपन इन खूबसूरत वादियों में बीता, जहाँ उन्होंने अपनी प्रारंभिक शिक्षा पूरी की। हालाँकि, बचपन की इस स्वाभाविक सुषमा के बावजूद, उनके जीवन में कुछ उदासीनता थी, जिनसे उन्होंने अपनी यात्रा को और मजबूत बनाने का साहस अर्जित किया।

पाल्पा की सांस्कृतिक पृष्ठभूमि के बावजूद, उनकी किस्मत ने उन्हें भारत की पावन धरती, काशी, जिसे ज्ञान और संस्कृति की राजधानी कहा जाता है, में अध्ययन का अवसर प्रदान किया। यहाँ उन्होंने महर्षि पाणिनि कन्या महाविद्यालय से (आचार्या नंदिता शास्त्री के दिशा निर्देश में) संस्कृत में स्नातक और स्नातकोत्तर की पढ़ाई पूरी की। काशी की सांस्कृतिक समृद्धि और महर्षि पाणिनि जैसे महान् विद्वान के नाम पर स्थापित इस महाविद्यालय के शैक्षिक वातावरण ने उनके जीवन को दिशा दी।

महर्षि पाणिनि संस्कृत व्याकरण के जनक माने जाते हैं। उनकी अद्वितीय कृति अष्टाध्यायी ने भाषा-विज्ञान को एक वैज्ञानिक आधार प्रदान किया। पाणिनि की विद्वता और उनके योगदान ने धृति को न केवल प्रेरित किया, बल्कि उनके भीतर भाषा और ज्ञान की एक गहरी ललक भी उत्पन्न की। महाविद्यालय में अध्ययन के दौरान, उन्हें अनेक यात्राओं एवं प्रख्यात विद्वानों और विदुषियों के व्याख्यान सुनने का अवसर मिला, जिन्होंने उनके सोचने और लिखने की शैली को और समृद्ध बनाया।

महाविद्यालय में अध्ययन के समय धृति को एक निबंध लिखने का अवसर मिला, जिसका विषय था "राष्ट्रोत्थान में आर्य नारियों का योगदान"। इस विषय ने उन्हें गहराई से प्रभावित किया। प्रारंभ में यह केवल एक शैक्षिक प्रस्तुति थी, लेकिन धीरे-धीरे उन्होंने इसे विस्तार देकर पुस्तक का रूप दिया। इस रचना के माध्यम से उन्होंने यह सुनिश्चित किया कि यह ज्ञान केवल सीमित पाठ्यक्रम

तक न रहे, बल्कि आने वाली पीढ़ियों के लिए एक प्रेरणा भी बने।

धृति घिमिरे न केवल एक लेखिका और विचारका हैं, बल्कि उनके व्यक्तित्व का विस्तार कला, संस्कृति और शारीरिक दक्षता के क्षेत्रों तक भी है। पारंपरिक और आधुनिकता के संतुलन में विश्वास रखने वाली धृति ने अपनी रुचियों और कौशलों से जीवन को बहुआयामी बनाया है। आज के समय और आवश्यकताओं को ध्यान में रखते हुए, उन्होंने मार्शल आर्ट, लाठी, भाला, और तलवार चलाने में कुशलता प्राप्त की है। यह न केवल उनके आत्मविश्वास और आत्मरक्षा के प्रति जागरूकता को दर्शाता है, बल्कि यह भी दिखाता है कि वे शारीरिक और मानसिक विकास को समान रूप से महत्व देती हैं। संगीत के प्रति उनकी गहन रुचि उनके व्यक्तित्व को और समृद्ध करती है। उनके लिए संगीत केवल मनोरंजन का माध्यम नहीं, बल्कि आत्मा की शांति और सृजनात्मकता का स्रोत है। इन गुणों के साथ, धृति एक ऐसी प्रेरणा बन जाती हैं जो हर व्यक्ति को अपने भीतर छिपी असीम संभावनाओं को पहचानने और उन्हें विकसित करने के लिए प्रेरित करती है।

बनारस से अपनी शिक्षा पूरी करने के बाद धृति न केवल अपना भविष्य देखते हुए अपितु अपनी विचारों के माध्यम से लोगों को जागृत भी कराना चाहती हैं।

आशीर्वाद

आज मेरे लिए अत्यंत गर्व और खुशी का दिन है कि मेरी बेटी धृति ने अपने एक उत्कृष्ट कार्य से न केवल मुझे, बल्कि हमारे पूरे परिवार को गौरवान्वित कर दिया है। नेपाल हो या भारत, धृति ने हमेशा अपने धर्म, संस्कार, और सेवा भावना को केंद्र में रखते हुए जीवन में प्रगति की है। एक पिता के लिए इससे बड़ी खुशी और क्या हो सकती है कि उसकी संतान उसके द्वारा दिखाए गए मार्ग पर आगे बढ़कर समाज और लोक कल्याण के लिए योगदान दे रही है।

धृति ने अपने अध्ययन के साथ पुस्तक रचना के इस कार्य को भी संपन्न करने की सूचना दी थी। मैंने उसे प्रोत्साहित किया कि लोक कल्याण से जुड़ा हर कार्य भगवद् सेवा के समान है। आज, उसकी इस पुस्तक को देखकर मुझे गर्व होता है कि उसने अपने संस्कारों और सेवा भावना को इस उत्कृष्ट रचना में पिरोया है।

धृति, तुम्हें मेरे हृदय से आशीर्वाद और अनंत शुभकामनाएँ। तुम्हारी यह यात्रा समाज के लिए प्रेरणादायक है। मैं कामना करता हूँ कि तुम ऐसे ही अपने ज्ञान, प्रयास और सेवा भावना से लोक कल्याणकारी कार्यों में सक्रिय रहो। जब तक तुम्हारा स्वास्थ्य और जीवन है, इसे देवहित और मानव कल्याण में समर्पित रखना ही तुम्हारे जीवन का सबसे बड़ा सदुपयोग होगा।

"स्थिरैरङ्गैस्तुष्टुवांसस्तनूभिर्व्यशेम देवहितं यदायुः॥"

अनंत शुभकामनाएँ, मेरी बेटी।

तुम्हारा पिता,
डिल्लीराज घिमिरे

प्रस्तावना

"राष्ट्रोत्थान में आर्य नारियों का योगदान" पुस्तक हमारे समाज में नारी के अद्वितीय योगदान को दर्शाने वाला एक उत्कृष्ट ग्रंथ है। हमारे विद्यालय की मेधावी छात्रा रही धृति ने भारतीय संस्कृति और इतिहास में नारियों की भूमिका को बड़े ही संवेदनशील और शोधपूर्ण दृष्टिकोण से प्रस्तुत किया है।

पुस्तक की विशेषता यह है कि इसमें नारी के साहस, समर्पण, और नेतृत्व के विभिन्न पहलुओं को प्राचीन और आधुनिक दृष्टिकोण से समाहित किया गया है। यह ग्रंथ न केवल हमारे गौरवशाली अतीत का स्मरण कराता है, बल्कि वर्तमान और भविष्य की नारी के लिए प्रेरणा का स्रोत भी है।

धृति को मैं उनके शिक्षा काल से जानती हूँ और उसकी अध्ययनशीलता और विचारशीलता की साक्षी रही हूँ। यह पुस्तक उनके सृजनात्मक दृष्टिकोण और नारी सशक्तिकरण के प्रति गहरी प्रतिबद्धता को प्रकट करती है। मैं उसके इस प्रयास की सराहना करती हूँ और विश्वास करती हूँ कि यह ग्रंथ समाज में नारी के महत्व को समझने और स्वीकारने में सहायक सिद्ध होगा।

(आचार्या नंदिता शास्त्री)
पाणिनि कन्या महाविद्यालय, महमूरगंज, वाराणसी

प्रेरणा

कहते हैं, जो सद्गुण हमारे माता-पिता में होते हैं, वे अपने बच्चों में भी उतर आते हैं। शायद यही कारण है कि मुझे लोक कल्याणकारी कार्यों में रुचि रहती है। यह पुस्तक भी मेरे पिता जी के लोक कल्याण कार्यों से प्रेरित है। पिताजी हमेशा निस्वार्थ सेवा में लगे रहते हैं और अपने अर्जित योग एवं आयुर्वेदिक ज्ञान के माध्यम से लोगों को पीड़ा मुक्त करने और सुखद जीवन की ओर ले जाने के लिए सदैव तत्पर रहते हैं। उनकी यह सेवा भावना और समर्पण मेरे जीवन के लिए एक आदर्श है।

मैं उनके जीवन की सरलता, अनुशासन और सेवा भाव से बहुत प्रभावित हूँ और उनसे निरंतर प्रेरणा लेती रहती हूँ। इस पुस्तक को लिखने के पीछे उनकी प्रेरणा और आशीर्वाद ही मुख्य कारण रहे हैं। जब भी मैंने उन्हें सामाजिक कार्यों में दिन-रात लिप्त देखा, तो मन ही मन यह ठान लिया कि उनकी आस्था, सेवा और सम्मान को आगे बढ़ाने का बीड़ा मैं भी उठाऊँगी। यह पुस्तक उनके पदचिन्हों पर चलने का मेरा पहला प्रयास है, और मैं इसे उन्हें समर्पित करती हूँ।

मेरा यह भी मानना है कि माता-पिता दोनों की प्रेरणा के बिना जीवन में कोई भी सफलता अधूरी है। मेरी माँ का धैर्य, स्नेह और समर्थन हमेशा मेरी ताकत रहे हैं। उनके सादगीपूर्ण जीवन और निःस्वार्थ प्रेम ने मुझे आत्मविश्वास दिया है कि मैं अपने लक्ष्यों को प्राप्त कर सकूँ।

माँ और पिताजी को मेरा कोटिश: नमन एवं वंदन है। उनके आदर्शों पर चलकर, मैं अपने जीवन को उनके सेवा और कल्याण के कार्यों का एक छोटा हिस्सा बनाने का प्रयास करूँगी। यह पुस्तक मेरी आस्था और उनके प्रति मेरी कृतज्ञता का प्रतीक है।

धृति घिमिरे

आमुख

"राष्ट्रोत्थान में आर्य नारियों का योगदान"

भारतीय संस्कृति और सभ्यता में नारी को सदा से एक विशिष्ट स्थान प्राप्त रहा है। वैदिक काल से लेकर आधुनिक युग तक, नारी ने समाज, धर्म, शिक्षा, राजनीति, कला, और साहित्य के क्षेत्र में अपनी पहचान बनाई है। वह केवल परिवार की आधारशिला नहीं, बल्कि समाज और राष्ट्र के निर्माण में एक प्रमुख प्रेरक शक्ति भी रही है। यह पुस्तक "राष्ट्रोत्थान में आर्य नारियों का योगदान" नारी के अद्वितीय साहस, समर्पण, और योगदान का व्यापक अध्ययन प्रस्तुत करती है।

भारतीय इतिहास के स्वर्णिम अध्याय में आर्य नारियों का योगदान अमिट है। वैदिक काल में गार्गी और मैत्रेयी जैसी विदुषियों ने अपने ज्ञान से समाज को आलोकित किया। द्रौपदी और कुंती जैसी महिलाएँ महाकाव्य काल में केवल अपनी पारिवारिक भूमिकाओं तक सीमित नहीं रहीं, बल्कि उन्होंने समाज और धर्म की संरचना में भी अपनी भूमिका निभाई। मध्यकाल में नारी ने अपने साहस और नेतृत्व से समाज को नई दिशा दी। रानी लक्ष्मीबाई और बेगम हजरत महल जैसी वीरांगनाएँ स्वतंत्रता संग्राम में प्रेरणा का स्रोत बनीं।

यह पुस्तक नारी के योगदान को केवल ऐतिहासिक दृष्टिकोण तक सीमित नहीं रखती, बल्कि यह वर्तमान और भविष्य की नारी के लिए भी प्रेरणा प्रदान करती है। यह ग्रंथ यह स्पष्ट करता है कि नारी का योगदान केवल परिवार तक सीमित नहीं है, बल्कि वह समाज और राष्ट्र के उत्थान की धुरी है।

पुस्तक का उद्देश्य

इस पुस्तक का उद्देश्य यह है कि हम भारतीय नारी की उस शक्ति और क्षमता को समझें जिसने हर युग में समाज और राष्ट्र को एक नई दिशा दी। यह ग्रंथ न केवल ऐतिहासिक संदर्भों को प्रस्तुत करता है, बल्कि यह भी बताता है कि वर्तमान युग में नारी किस प्रकार समाज और राष्ट्र को सशक्त बना रही है।

आरंभिक प्रेरणा

इस पुस्तक को लिखने की प्रेरणा भारतीय इतिहास और संस्कृति में नारी के महत्व को समझने और प्रस्तुत करने से प्राप्त हुई। यह पुस्तक नारी के संघर्ष, साहस, और समर्पण को श्रद्धांजलि है। इसका उद्देश्य उन नारियों को सम्मान देना है जिन्होंने समाज और राष्ट्र के लिए अपने जीवन को समर्पित किया।

पुस्तक की संरचना

यह पुस्तक विभिन्न कालों और विषयों में नारी के योगदान को विस्तृत रूप में प्रस्तुत करती है।

- वैदिक काल में नारी की प्रतिष्ठा: यह अध्याय नारी के वैदिक काल में सामाजिक, धार्मिक, और शैक्षिक अधिकारों का वर्णन करता है।

- महाकाव्यों में नारी का पराक्रम: इसमें द्रौपदी, कुंती, और सीता जैसी नारियों की भूमिकाओं का विश्लेषण किया गया है।

- स्वतंत्रता संग्राम में नारियों की भूमिका: इसमें रानी लक्ष्मीबाई, सरोजिनी नायडू, और अन्य वीरांगनाओं के योगदान को रेखांकित किया गया है।

- मध्यकाल में नारी की स्थिति और संघर्ष: यह अध्याय सामाजिक बंधनों के बीच नारियों के संघर्ष को दर्शाता है।

- आधुनिक भारत में नारी नेतृत्व: इसमें कल्पना चावला, इंदिरा गांधी, और इंदिरा नूयी जैसी महिलाओं की प्रेरक कहानियाँ प्रस्तुत की गई हैं।

- पर्यावरण संरक्षण में नारी का योगदान: यह अध्याय नारी के पर्यावरणीय दृष्टिकोण और संरक्षण में उनकी भूमिका को रेखांकित करता है।

पुस्तक की प्रासंगिकता

आज के समय में जब नारी सशक्तिकरण और समानता की बात की जा रही है, यह पुस्तक एक प्रासंगिक संदर्भ प्रदान करती है। यह हमें यह सिखाती है कि नारी सशक्तिकरण का अर्थ केवल अधिकार प्राप्त करना नहीं, बल्कि समाज और राष्ट्र के लिए योगदान देना भी है।

नारी: शक्ति, साहस और समर्पण का प्रतीक

भारतीय संस्कृति में नारी को शक्ति का प्रतीक माना गया है। वह केवल परिवार और समाज की संरक्षिका नहीं, बल्कि समाज की दिशा और दशा निर्धारित करने वाली प्रेरक शक्ति है। इतिहास गवाह है कि जब-जब समाज ने नारी को उसका उचित स्थान दिया है, तब-तब समाज ने प्रगति और उन्नति की है।

भविष्य की दिशा

यह पुस्तक केवल अतीत का दस्तावेज नहीं है, बल्कि यह भविष्य की नारी के लिए भी एक मार्गदर्शक है। यह दिखाती है कि नारी के बिना राष्ट्र का विकास अधूरा है। आने वाले समय में नारी अपने साहस, बुद्धिमत्ता, और नेतृत्व से राष्ट्र निर्माण में नई ऊँचाइयाँ छुएगी।

आभार

इस पुस्तक के लेखन में मैंने उन महान नारियों की प्रेरणा ली है जिन्होंने हर युग में समाज और राष्ट्र को प्रगतिशील बनाया। मैं उन सभी लेखकों, इतिहासकारों, और समाजशास्त्रियों की आभारी हूँ जिन्होंने नारी के योगदान को संजोया और प्रस्तुत किया।

"राष्ट्रोत्थान में आर्य नारियों का योगदान" एक श्रद्धांजलि है उन महिलाओं को जिन्होंने अपने कर्तव्यों, साहस, और समर्पण से भारतीय समाज और राष्ट्र को समृद्ध बनाया।

यह पुस्तक हर व्यक्ति के लिए प्रेरणा का स्रोत है और यह संदेश देती है कि नारी सशक्तिकरण से ही समाज और राष्ट्र का सशक्तिकरण संभव है।

मुझे आशा है कि यह पुस्तक पाठकों को नारी के योगदान को समझने और उसके महत्व को पहचानने में मदद करेगी। यह ग्रंथ न केवल इतिहास का एक पृष्ठ है, बल्कि यह वर्तमान और भविष्य के लिए भी प्रेरणा है।

नारी शक्ति को नमन करते हुए, मैं यह पुस्तक सभी पाठकों को समर्पित करती हूँ।

धृति घिमिरे

1

"राष्ट्रोत्थान में आर्य नारियों का योगदान"

अहं केतुरहं मूर्धाहमुग्रा विवाचनी।
ममेदनुक्रतुं पतिः सेहनाया उपचरेत।।

(ऋग्वेद १०/१५९/२)

सिंहनी सी दहाड़ती हुई नारी की चेतना कहती है मैं तेजस्विनी हूँ, मैं एक सहनशील नारी हूँ। मैं परिवार में मूर्धा समान मान्या हूँ अर्थात् मैं इस समाज की प्रमुख हिस्सा हूँ। वेद भी नारी को मूर्धासमान उच्च स्थान देता है तो तू तुच्छ प्राणी कौन होता। है नारी को अबला कहने वाला? नारी वो भावना है जो तुम न समझ सकते हो न बन सकते हो। नारी अपने जीवनकाल में ऐसी भूमिका का निर्वाह करती है जो हमारे जीवन के पग-पग पर उसकी आवश्यकता दिखती है। जिससे देश हेतु कुछ कर जाने की क्षमता बढ़ती है, क्योंकि भविष्य की अग्रिम बागडोर नारियों के हाथ में ही होती है। जब हमारे संस्कार में कभी न होगी तब देशोत्थान अवश्यम्भावी है। संस्कारों को परिपक्व करने में नारियों का महत्वपूर्ण योगदान होता है।

प्रत्येक नारी का अपने पुत्र को संस्कारित करने का पूर्ण दायित्व होता है जो इस उद्देश्य को पूर्ण करने में समर्थ होते है, वे देशोन्नति में एक अंग बन जाते हैं क्योंकि एक-एक बूंद से ही घड़ा पूर्णता को प्राप्त करता है, साथ ही सुदूर मील की यात्रा पहले कदम से ही शुरु होती है। अतः सर्वप्रथम आवश्यकता संस्कारित करने

की है, जो कि स्त्रीजाति से ही सम्भव है। लेकिन वे नारी आर्य हो अर्थात् श्रेष्ठ हो जिससे वे अपनी श्रेष्ठतापूर्ण संस्कारों को बिखेर सके जिससे उसका पुत्र श्रेष्ठता का एक अंग बन जाये।

इस प्रकार अनेक आर्य नारियाँ है। जैसे माता कौशल्या, कैकेयी, द्रौपदी, देवकी इत्यादि जिनसे राम, लक्ष्मण, भरत, शत्रुघ्न एवं कृष्ण जैसे राष्ट्रनायक दिये। नारी को वेद वीर प्रसवा कहता है। जो कि नारी वीर पुत्रों को जन्म देने वाली जननी है। वीर देशरक्षा के अग्रिम हिस्सेदार होते है जिससे हम सभी श्वाँस-प्रश्वास लेने में पूर्ण रूप से समर्थ हो पाते है। साथ ही हम घर बैठे देश के अग्रिम भविष्य का विचार भी कर पाते है। अतः सर्वप्रथम आवश्यकता है श्रेष्ठतापूर्ण संस्कारों को अवलम्बन करने एवं कराने का, जो कि इसकी नींव स्त्री जाति ही है। यह एक सूक्ष्म रूप हैं बस मनुष्यों को समझने की आवश्यकता हैं। पिछला इतिहास पलटकर देखें तो नारियाँ वो हैं जो अपने समाथर्य को पहचानती हुई अपने लक्ष्य को साधने में सफलता हासिल की। कल्पना चावला जो ब्रह्माण्ड में परचम फहराने में समर्थ हुई। इंदिरा नुई जो कंपनी के उच्चतम पद पर आसीन हुयी।

क्या पहले इतनी आसानी से पढ़ने दिया जाता था? नहीं अपितु वे अपनी सहनशीलता को बढ़ाकर लोकापवाद को घोटकर आगे बढ़ी जो कि अब तक सभी नागरिकों की चेतना पटल पर विराजमान हैं। वे मनुष्य के सूक्ष्म विचार से लेकर स्थूलमकर्म तक को ऐसे स्वर्णिम सूत्र में बाँधती हैं जिसमें जीवन में विकास देने वाले सभी मूल्य पिरोये जाते है। भारतीय आर्य नारियों का उदाहरण भी है जो समस्त गृह धर्म का निर्वाह करते हुए भी जरूरत पड़ने पर रणभूमि पर अपने कौशल का परिचय दे सकती है। जिसमें ''रानी लक्ष्मीबाई'' का नाम अग्रगण्य है। सभी के मानस पटल पर उन्हीं का नाम सर्वप्रथम विराजमान होता है उन्होंने तो राष्ट्रहित हेतु झांसी को हाथ तक लगाने न दिया, इसी प्रकार द्रौपदी वे अपनी पराक्रम में कुशलता तो थी ही वाक्पटुता की धनी थी। जब दूसरे पराजय में दुर्योधन ने अज्ञातवास का आदेश दिया था तब चतुर वनवासी को दुर्योधन की प्रजानीति जानने हेतु गुप्तचर को नियुक्त किया गया तब उसने सारा वृत्तान्त कह सुनाया जब किसी की प्रतिक्रिया न हुई तब द्रौपदी कहती है:

व्रजन्ति ते मूढधियः पराभवं भवन्ति मायाविषु ये न मायिनः।
प्रविश्य हि घ्नन्ति शठास्तथाविधानसंवृताङ्गान्निशिता इवेषवः॥

जो लोग छल नहीं करते वे धूर्तों के शिकार बन जाते हैं। धूर्त उनके भेद को लेकर उन्हें नष्ट कर देते हैं। इस प्रकार वे अपने पति को समय-समय पर वास्तविकता का ध्यान दिलाती थी जिससे राजव्यवस्था न बिगड़े उन्हें अच्छी प्रकार ज्ञात था कि दुर्योधन का अच्छा बने रहना उसका छद्मवेश था। जिसका जो स्वाभाविक व्यवहार होता है। वह एक न एक दिन प्रकट हो ही जाता है। उसकी प्रकटता पर तो राज्य का क्षय ही क्षय था। इस प्रकार अनेक नारियाँ देशोत्थान हेतु संलग्न रहती थीं। मध्यकाल से पूर्व स्त्रियाँ प्रभूतविधाओं से सम्पन्न हुआ करती थी। जैसे- गार्गी, घोषा, मैत्रेयी, अपाला आदि ब्रह्मवादिनी ऋषिकायें इसकी प्रमाण हैं। इतना ही नहीं वेद पढ़ने का अधिकार स्त्रियों को न देने वाले श्री शंकराचार्य जी के समक्ष मण्डनमिश्र की विदुषी पत्नी उभयभारती मण्डनमिश्र के हारे जाने पर भी स्वयं शास्त्रार्थ के लिए डटी थी। इसी प्रकार याज्ञवलक्य के साथ गार्गी का जो कि उपनिषद् में इसका वृत्तान्त पूर्णतया प्राप्त होता है एवं जनक के साथ सुलभा।

इस प्रकार प्राचीन समय में भी नारी विदुषी हुआ करती थी। इन सभी ऐतिहासिक तथ्यों का उद्घाटन करते हुए महर्षि ने नारी को समस्त अधिकारों से मुक्त कराया। मध्यकाल में थोड़ी ही न्यूनता रह गयी थी। अब ऐसा नहीं है अपितु आज नारियाँ राष्ट्रोत्थान में बढ़-चढ़कर हिस्सा ले रही हैं क्योंकि राष्ट्र को सशक्त एवं आत्मनिर्भर बनाने का सर्वोत्तम उपाय स्त्री शिक्षा है। राष्ट्र की सशक्तता का प्रमाण हथियारों से नहीं अपितु नैतिक चरित्र है। कोई भी बन्दूक आदि रखकर भी अपने आपको प्रबल नहीं समझ सकता जब तक सात्विक वृत्तियाँ आत्मनिष्ठा सबल न हो। यह माननीय तो यह प्रश्न है कि आत्मनिष्ठा का मूल स्रोत हमें कहाँ प्राप्त हो? उत्तर भी स्पष्ट है कि उस परमात्मा ने सृष्टि रचना कर प्रजा पालन का भार जिसको सर्वप्रथम सौंप रखा है वही दिव्यशक्ति सम्पन्ना नारी सन्तान को आत्मनिष्ठा एवं सुसंस्कारित बना सकती है।

परमात्मा ने सबको क्षमतानुसार ही कार्य सौंप रखा है। इस प्रकार जिस नारी के कंधों में प्रजा पालन रूपी राष्ट्रीय गुरुतर-भार हो तो वह राष्ट्रीय निर्माण की मुख्य हिस्सेदार होनी चाहिए। जब देश को स्वतन्त्रता प्राप्त होनी थी तब राष्ट्र नायकों

ने अनुभव किया कि क्रान्तिरूपी अनुष्ठान तब तक सफल नहीं हो सकता जब तक नारियों का पवित्र योगदान इसमें न हो। अतः रूढ़िग्रस्ताओं को छोड़कर स्वतन्त्रता यज्ञ में भाग लेने के लिए उनका आह्वान किया।

यह नारी की असीम क्षमता और साहस का परिचायक कहा जा सकता है जिसके कारण हमारा देश स्वतन्त्र स्वाधीन कहा जाने लगा। कुछ लोगों ने नारी के इस कर्मठता को समझा उनकी साहस को समझा जिससे नारियों को अब उच्च स्थान मिलने लगा। अब नारियाँ अलग-अलग क्षेत्र में अपनी-अपनी प्रतिष्ठा हासिल कर रही हैं, अलग-अलग संगठन बनाकर समाज सेवा में कार्यरत है। साथ ही गुरुकुल के माध्यम से भी अनेक नारियाँ राष्ट्रोत्थान में संलग्न है। वे खुद को तपाकर अनेक कुन्दनों का प्रादुर्भाव कर रही हैं। वे सभी गुरुकुलों के माध्यम से भविष्य का निर्माण कर रही हैं वे सभी मुक्तकण्ठ से प्रशंसनीय है वे सभी हमारे समक्ष ज्वलन्त उदाहरण हैं- सर्वप्रथम वेदविदुषीमणि डॉ0 प्रज्ञा देवी जी0 एवं उनकी छोटी बहन संस्कारों की धनी मेधा देवी जी। वे अनेक कन्याओं के हृदय में आग जलाकर चल बसी जो कि अब तक अग्निसिंचन की प्रथा चली आ रही है। उनका वरदहस्त जो कि कन्याओं में पूर्ण रूप से था। वे महर्षि दयानन्द सरस्वती जी ने 1875 ई0 में उद्घोष किया था कि- ''स्त्री शूद्रौ नाधीयाताम् इति श्रुतिः'' यह श्रुति कपोलकल्पित है। इसपे लोगों ने कहा- यदि महिलायें एवं शूद्र वेद पढ़ेंगे तो हम क्या करें? इस पर महर्षि ने तेजस्वी वाणी से कहा तुम कुएँ में पड़ो। ऋषि दयानन्द की इस आर्षवाणी को सफलीभूत करने में 93 वर्ष लग गयें।

यद्यपि ऋषी दयानन्द कालीन माता भगवती बाई से लेकर पण्डिता सावित्री देवी सभी वेदाचार्य महिला उपदेशिकाओं की सुदीर्घ परम्परा है किन्तु ऋषि दयानन्द निर्दिष्ट आर्ष पाठविधि के अनुसार कन्याओं को वेद विदुषी बनने का उपक्रम पण्डिता डॉ0 प्रज्ञा देवी जी ने ही आरम्भ किया। उनके साथ मन, वचन, कर्म से एकीभूत होकर मेधा देवी जी ने ऐसा क्रम चलाया कि उनकी स्नातिकाओं के वैदुष्य और वेदविद्या की धूम चतुर्दिक मच गई। जो कि गुरुकुलों का निर्माण कर कन्याओं का भविष्य निर्माण कर रही है जिससे हमारा देश स्त्री शिक्षा से पिछड़ा न हो। यहाँ का एक नागरिक ज्ञानी हो। जिससे देशोत्थान में सभी हिस्सेदार हो सके। जब इस गुरुकुल की स्थापना हुई तब यहाँ स्नातिकायें पाँच थी यूँ कहूँ तो पंच ज्ञानेन्द्रिय सृदश जो अपने-अपने स्थान में महत्वपूर्ण योग्यता रखने वाली है।

एक बार जब आर्य समाज के दिग्गज विद्वान साङ्गोपाङ वेदाचार्य आचार्य विश्वश्रवा वेदव्यास जी जब पाणिनी कन्या महाविद्यालय आए तब उन्होंने इन पाँचों को पाया उनसे शास्त्रीय चर्चा करनी शुरु की तब वे हर्षोल्लास होकर कहा मैं एक श्लोक बोल रहा हूँ जो आर्य समाज का भावी इतिहास पुष्टि करेगा:

प्रियंवदा सूर्या च नन्दिता चापि माधुरी।
ब्रह्मवादिन्यः एता हि दयानन्दमतानुगाः।।

ये सब उन आचार्यो जी की अन्तेवासिनी है जो स्त्री शिक्षा के विषय विरोध में कहे लोगों से शास्त्रार्थ का चैलेंज किया करती थी। जो कि काशी जैसे धार्मिक स्थल एवं धार्मिक के नाम पर अनेक पाखण्डी जो कि स्त्री शिक्षा के विरुद्ध थे वहाँ उन्होंने गुरुकुल खोल कन्याओं को दक्ष बनाया। वे पुरी के शंकराचार्य, देवतीर्थ को ललकारा था।

जिसे शंकराचार्य ने साधारण महिला समझकर कहा था बेटी यहीं आ जाओ इस शब्द को सिंहनी की भांति दहाड़ती हुई आचार्या प्रज्ञा देवी जी ने कहा-

बेटी तो मैं दयानन्द की हूँ। शंकराचार्य की दृष्टि में पाँव की जूति हूँ आज जूति और शंकराचार्य के बीच शास्त्रार्थ होगा। तब पता पड़ेगा पाँव की जूति उछलकर कहाँ पड़ती है। इस घटना से अंदाजा लगाया जा सकता है कि आचार्या जी की वैदुष्य, आत्मविश्वास एवं निर्भीकता कैसी थी। जो कि यह घटना रोंगटें खड़े कर देने वाली है। अतः हमें गर्व होना चाहिए कि हम ऐसी नारियों का अनुसरण कर रहे है। यदि प्रत्येक नारियाँ इसी प्रकार खुद को निर्भीकपूर्ण बनाये तो स्त्रीशिक्षा में कभी नहीं होगी और हमारा देश पूर्णोत्थान की ओर अग्रसर होगा। इसी प्रकार बड़ी आचार्या जी की अन्तेवासिनी आचार्या नन्दिता शास्त्री जी की भी घटना है- वे महाराष्ट्र औरंगाबाद में आयोजित अखिल भारतीय वैदिक सम्मेलन में पहुंची। जिसमें उनको वेद की रक्षा में नारियों की सहभागिता इस विषय पर उद्बोधन था। वे खुल मंच से कही कि- वेद की रक्षा में नारियों का योगदान तो आदिकाल से ही चला आ रहा है। जब से ऋषि इस धरती पर आयें ऋषिकायें भी तभी आयी और वेद, व्याकरण, छन्द, ज्योतिष आदि वेदांग की विदुषी प्रचारिका हुयीं उस समय लड़कों के समान लड़कियों के भी गुरुकुल होते थे वे भी ब्रह्मचारिणी रहकर वेद पढ़ती-पढ़ाती थी, किन्तु आज यदि आप स्त्री को वेद पढ़ने का अधिकार नहीं देंगे

तो आप सही अर्थों में ब्राह्मण कहलाने योग्य नहीं रह पाओगे।

वर्णसंकर बन जाओगे, गीता के प्रारम्भ में ही अर्जुन ने यह चिन्ता व्यक्त की थी कि:

कुलक्षये प्रणश्यन्ति कुलधर्माः सनातनाः।
धर्मे नष्टे कुलंकृत्स्नमधर्मोऽभिभवत्युत।।
अधर्माभिभवात्कृष्ण प्रदुष्यन्ति कुलस्त्रियः।
स्त्रीषु दुष्टासु वार्ष्णेय जायते वर्णसंकरः।।

अर्थात् इस युद्ध में वीरों के हत होने पर कुल के साथ-साथ कुलधर्म भी नष्ट हो जायेंगे जिससे अधर्म की वृद्धि होगी और अधर्म बढ़ने से स्त्रियाँ पवित्र और सुरक्षित नहीं रह पायेंगी जिससे भविष्य में वर्णसंकर दोष खड़ा हो जायेगा, आज वही हो रहा है। पुरुष वेद पढ़ता है। अतः वह ब्राह्मण है यदि स्त्री वेद पढ़ती है तो वह शूद्रा है अब इन दोनों के विवाह से उत्पन्न सन्तान भला कैसे ब्राह्मण हो सकती है वह तो वर्णसंकर ही कहा जायेगा। इसमें कोई संदेह नहीं है।

आचार्य जी के इसी कथन से अंदाजा लगाया जा सकता है कि वह कितनी विदुषी और निर्भीक है। अतः हमे गर्व है कि हमें ऐसी आचार्या की अन्तेवासिनी है क्योंकि हम से आप, आप से समाज और समाज से सम्पूर्ण राष्ट्र है। ऐसे देश की संख्या बहुत कम है जिसमें प्राचीन काल से स्त्रियों को उच्च स्थान दिया गया हो। अनेक देशों में तो स्त्रियों को दास का ही दर्जा दिया गया पर प्राचीन भारतवासियों ने देशोत्थान में स्त्री को समझते हुए उच्च स्थान दिया। तब स्त्रियों की खूबियाँ बिखरने लगी और आज उच्च से उच्च स्थान नारियों से वंचित नहीं है। वे रूढ़िवादियों को सन्देश देने लगी कि किसी के लिए कोई काम छोटा नहीं होता हम सब कुछ करने में समर्थ है इसी बात को मन मस्तिष्क में रखते हुए आज नारियाँ पुरुषों से आगे है।

आज नारियाँ वायुयान तक का सफर नाप रही है। आज आई.ए.एस से लेकर राष्ट्रपति तक बन रही है। जिससे देशोत्थान में अहम् भूमिका निर्वाह कर रही है। सत्यता तो इससे भी है कि नारी सृष्टि के आदिकाल से समस्त संसार द्वारा वरण करने योग्य विश्ववारा रही है और रहेगी भी क्योंकि उसके बिना वरण, बिना आलम्बन किये कोई भी इस धरती में तो क्या इस संसार में कदम भी रखने की

जरूरत नहीं कर सकते। यह कथन अतिश्योक्ति नहीं अपितु विधाता की देन है, इसीलिए वेद में नारी को ब्रह्मा तक कहा है- स्त्रीहि ब्रह्मा बभूतिय। स्त्री को ब्रह्मा बनने तक की बात कही है। ब्रह्मा की उपाधि वहीं प्राप्त कर सकता है जो चारों वेदों का अध्येता हो जो यज्ञ को मुख्य रूप से संचालन करने वाला होता है, उसी को ब्रह्मा की उपाधि दी जाती है। यह हमारा प्रमाणिक वाक्य है जिससे पता पड़ता है कि नारियाँ वेद पढ़ सकती है। जो कि शिक्षा ग्रहण कर भावी पीढ़ी को संस्कारित कर सके। संस्कारित करने में माता का स्थान सर्वोपरि होता है जिसकी तुलना कोई भी नहीं कर सकता है। वेद के मन्त्रद्रष्टज्ञ ऋषि भी भावविभोर होकर कहते हैं:

वास्याँ इन्द्रासि मे पितुरुत भ्रातुरभुजतः।
माता च मे छादयथः सभा वसो वसुत्वनाय राधसे।।

अर्थात्- हे परम ऐश्वर्यवान् परमेश्वर! मेरे पिता से तू बढ़कर है और अवश्य ही पालने वाला भ्राता से भी है, किन्तु हे घट-घट वासी अन्तर्यामी प्रभु मेरी माता और तुम दोनों बराबर हो। क्योंकि तुम दोनों ही मुझे आच्छादित किये रहते हो। माँ को ईश्वर के समान बराबर का दर्जा देना वही वेद एवं वैदिक संस्कृति की श्रेष्ठता और विशेषता भी है। माता पुत्रों की हित सोचने वाली होती है, कहते है जब बुरा वक्त आता है तब अपना साया भी जुदा हो जाता है, केवल अहैतुम स्नेह करने वाली माता और अनन्त कृपालु प्रभु ही है जिसकी दया दृष्टि अपने सन्तानों पर आयुपर्यन्त एक सी बनी रहती है। राष्ट्रोत्थान में पुरुषों की हिस्सेदारी ज्यादा है लेकिन अप्रत्यक्ष रूप में उसकी नींव नारी ही होती है। दिलोदिमाग में उसके संस्कार में राष्ट्रप्रेम उमड़ेगी तभी राष्ट्रोत्थान में संलग्न हो सकता है। अतः इससे ज्ञात होता है कि नारी राष्ट्रोत्थान की मुख्य योगदात्री होती है।

2

वैदिक काल में नारी की प्रतिष्ठा

नारी को मूर्धा समान स्थान और उसके सामाजिक, धार्मिक एवं शैक्षिक अधिकार:

वैदिक काल भारतीय इतिहास का वह अद्वितीय समय है, जिसमें नारी को समाज में सर्वोच्च स्थान प्राप्त था। यह काल न केवल आध्यात्मिक और धार्मिक प्रगति का प्रतीक है, बल्कि नारी के सम्मान, स्वतंत्रता और अधिकारों की पराकाष्ठा को भी दर्शाता है। वैदिक समाज ने नारी को "मूर्धा" समान स्थान देकर यह प्रमाणित किया कि वह न केवल परिवार बल्कि पूरे समाज का आधार है। यह धारणा वैदिक काल के साहित्य, संस्कृति और सामाजिक व्यवस्था में स्पष्ट रूप से परिलक्षित होती है। उस युग में नारी को समानता, स्वतंत्रता और सम्मान प्रदान करने के साथ-साथ उसे शिक्षा, धर्म और सामाजिक कर्तव्यों में भी बराबर की भागीदारी का अवसर दिया गया।

वैदिक साहित्य नारी के उच्चतम स्थान का सबसे बड़ा प्रमाण है। ऋग्वेद, यजुर्वेद, सामवेद और अथर्ववेद जैसे महान धर्मग्रंथ नारी के गुणों और क्षमताओं का विस्तार से वर्णन करते हैं। ऋग्वेद में स्पष्ट रूप से कहा गया है कि जहाँ नारियों का सम्मान होता है, वहाँ देवताओं का वास होता है। इस कथन से यह स्पष्ट होता है कि नारी को समाज में सम्मान का आधार माना गया था। वैदिक काल में गार्गी, मैत्रेयी, घोषा और अपाला जैसी ऋषिकाओं ने नारी की बौद्धिक और आध्यात्मिक क्षमताओं का उदाहरण प्रस्तुत किया। ये ऋषिकाएँ न केवल धर्म और दर्शन के क्षेत्र

में अग्रणी थीं, बल्कि उन्होंने समाज को यह भी दिखाया कि नारी केवल मातृत्व तक सीमित नहीं है, बल्कि वह समाज के निर्माण और उत्थान में भी महत्वपूर्ण भूमिका निभा सकती है। उसे 'मातृशक्ति' और 'वीरप्रसवा' कहकर सम्मानित किया गया, जो उसके मातृत्व और समाज निर्माण में योगदान को दर्शाता है।

वैदिक काल में नारी को सामाजिक स्वतंत्रता और अधिकार प्राप्त थे। वह परिवार और समाज के निर्णयों में महत्वपूर्ण भूमिका निभाती थी। उस युग में नारी को स्वयंवर के माध्यम से अपने जीवनसाथी का चयन करने का अधिकार था, जो इस बात का प्रमाण है कि उसे अपने जीवन के महत्वपूर्ण निर्णय लेने की स्वतंत्रता थी। नारी को पैतृक संपत्ति में अधिकार दिया गया था और विवाह के उपरांत भी वह अपनी संपत्ति की अधिकारिणी रहती थी। वह परिवार की संरचना, संस्कार और भविष्य निर्माण की धुरी थी। इन अधिकारों ने नारी को आत्मनिर्भर और समाज में सम्मानजनक स्थान प्रदान किया।

धार्मिक क्षेत्र में भी नारी की भागीदारी समान रूप से महत्वपूर्ण थी। वह यज्ञों और धार्मिक अनुष्ठानों में पुरुषों के साथ बराबरी से भाग लेती थी। कई बार तो वह यज्ञ की मुख्य कर्ता के रूप में प्रतिष्ठित होती थी। नारी को 'गृहलक्ष्मी' का दर्जा देकर यह स्वीकार किया गया कि वह घर में धर्म, संस्कार और आध्यात्मिक ऊर्जा का केंद्र है। गार्गी और मैत्रेयी जैसी विदुषियों ने धार्मिक और दार्शनिक चर्चाओं में भाग लेकर यह सिद्ध किया कि नारी धार्मिक और बौद्धिक क्षेत्र में भी पुरुषों से किसी प्रकार कम नहीं थी। वेदों के मंत्रों की द्रष्टा के रूप में नारी का योगदान इस बात का प्रमाण है कि वह समाज की आध्यात्मिक प्रगति का एक अनिवार्य हिस्सा थी।

शिक्षा के क्षेत्र में भी नारी को समान अधिकार प्राप्त थे। गुरुकुलों में नारी और पुरुष दोनों को शिक्षा प्राप्त करने का समान अवसर दिया जाता था। नारी ब्रह्मचारिणी के रूप में वेद, वेदांग, गणित, ज्योतिष और साहित्य का अध्ययन करती थी। गार्गी जैसी विदुषियों ने अपनी विद्वता और बौद्धिक क्षमता से समाज को प्रेरणा दी। घोषा ने आयुर्वेद में विशेषज्ञता हासिल की, जबकि अपाला ने ऋग्वेद के मंत्रों की रचना कर यह साबित किया कि नारी न केवल शिक्षा प्राप्त कर सकती है, बल्कि उसमें नई दिशाएँ भी स्थापित कर सकती है। वैदिक समाज में नारी को शिक्षा का अधिकार देकर यह सुनिश्चित किया गया था कि वह आत्मनिर्भर बने और समाज में अपनी महत्वपूर्ण भूमिका निभा सके।

परिवार और समाज में नारी को केंद्र बिंदु माना गया। उसे परिवार की नींव और संतति का पालन करने वाली के रूप में देखा गया। नारी का कर्तव्य था कि वह अपने बच्चों को संस्कारों और उच्च नैतिक मूल्यों से सुसज्जित करे। वह परिवार के सदस्यों को एकता, करुणा और धर्म की राह पर चलने के लिए प्रेरित करती थी। उसकी भूमिका केवल परिवार तक सीमित नहीं थी, बल्कि वह समाज और राष्ट्र की स्थिरता और प्रगति के लिए भी जिम्मेदार थी। वैदिक काल की नारी ने परिवार और समाज को नैतिक और आध्यात्मिक स्थिरता प्रदान की।

वैदिक काल में नारी को स्वतंत्रता और सम्मान प्राप्त था। उसे समाज में एक शक्तिशाली और स्वतंत्र इकाई के रूप में देखा गया। वह अपने धन और संपत्ति की स्वतंत्र स्वामिनी होती थी। नारी को 'शक्ति' का प्रतीक माना गया, जो समाज को सशक्त बनाने का कार्य करती थी। यह समाज पुरुष और नारी के बीच समानता के सिद्धांत पर आधारित था। वैदिक काल में नारी को न केवल सम्मान दिया गया, बल्कि उसे समाज के विकास और स्थिरता के लिए आवश्यक माना गया।

आज के संदर्भ में वैदिक काल की नारी का अध्ययन हमें यह सिखाता है कि नारी का सम्मान और अधिकार समाज की उन्नति के लिए कितना आवश्यक है। वैदिक काल की शिक्षा हमें प्रेरणा देती है कि नारी को समान अधिकार और शिक्षा दिए बिना समाज का विकास अधूरा है। नारी की शिक्षा और स्वतंत्रता सुनिश्चित करना समाज और राष्ट्र के उत्थान के लिए अनिवार्य है।

वैदिक काल नारी के लिए सामाजिक, धार्मिक और शैक्षिक स्वर्णिम युग था। नारी को "मूर्धा" समान मान्यता देकर उसे समाज और राष्ट्र का आधार बनाया गया। उसकी स्वतंत्रता, शिक्षा और अधिकार न केवल उसे सशक्त बनाते थे, बल्कि समाज की समृद्धि और स्थिरता को भी सुनिश्चित करते थे। यह स्पष्ट है कि वैदिक काल में नारी ने समाज के हर क्षेत्र में अपने योगदान से उसे मजबूत बनाया। आज के युग में भी, वैदिक काल से प्रेरणा लेकर नारी के सम्मान और अधिकारों को पुनर्स्थापित करना आवश्यक है, ताकि समाज और राष्ट्र का चहुँमुखी विकास हो सके।

अ॒धः प॑श्यस्व॒ मोप॑रि॒ संत॑रां पा॒दुकौ॑ ह॒र ।
मा ते॑ कश॒प्लकौ॑ दृ॒शन्त्स्त्री हि ब्र॒ह्मा ब॒भूवि॑थ ॥

हिन्दी अर्थ:

नीचे देखो, ऊपर मत देखो। अपने पाँव (चरण) उठाओ और ध्यान से चलो। ऐसा न हो कि तुम्हारे पाँव (या दृष्टि) से कोई गलती हो जाए या कुछ अनुचित दृश्य देखने को मिले। यह समझो कि स्त्री स्वयं ब्रह्मा (सृष्टिकर्ता) के रूप में प्रतिष्ठित है।

भावार्थ:

यह श्लोक न केवल शारीरिक सतर्कता की बात करता है, बल्कि मानसिक और नैतिक दृष्टि से भी संयम और मर्यादा बनाए रखने का संदेश देता है। विशेष रूप से स्त्रियों के प्रति सम्मान और शुद्ध दृष्टिकोण रखने पर बल दिया गया है। स्त्री को ब्रह्मा (सृष्टिकर्ता) के रूप में मानकर उसका सम्मान करना और उसके प्रति आदरपूर्ण दृष्टि रखना धर्म का एक प्रमुख अंग माना गया है।

❧

"यत्र नार्यस्तु पूज्यन्ते रमन्ते तत्र देवता:।"

(मनुस्मृति)

जहाँ महिलाओं का सम्मान होता है, वहाँ देवता निवास करते हैं। यह श्लोक नारी के महत्व और समाज में उसकी प्रतिष्ठा को दर्शाता है।

❧

"कौमार्ये चा युवत्ये च वृद्धा वा बालिका तथा। स्त्रीणां सद्गुणसंपन्ना भूषणं हि पतिव्रता।"

(महाभारत)

नारी चाहे बाल्यावस्था में हो, युवावस्था में हो, या वृद्धावस्था में—उसका सद्गुण ही उसका आभूषण है। यह महिलाओं के गुण और चरित्र को सर्वोपरि बताता है।

3

आधुनिक भारत में नारी नेतृत्व

आधुनिक भारत में नारी नेतृत्व का उदय और विस्तार उस शक्ति, क्षमता और दृढ़ संकल्प का परिचायक है जो महिलाओं के भीतर निहित है। भारतीय समाज, जहाँ नारी को देवी के रूप में पूजनीय माना गया है, वहीं आधुनिक समय में महिलाओं ने हर क्षेत्र में अपनी दक्षता और नेतृत्व से यह साबित कर दिया है कि वे केवल घर-परिवार की देखभाल तक सीमित नहीं हैं। वे विज्ञान, राजनीति, व्यापार, समाज सेवा, और अंतरिक्ष जैसे विविध क्षेत्रों में अपनी विशेष पहचान बना रही हैं। कल्पना चावला, इंदिरा गांधी और इंदिरा नूयी जैसे प्रेरणास्रोत इस बात का प्रमाण हैं कि भारतीय महिलाएँ न केवल अपनी सीमाओं को तोड़ रही हैं, बल्कि विश्व मंच पर भी अपनी उपस्थिति दर्ज करा रही हैं।

कल्पना चावला का जीवन संघर्ष और सफलता की अद्भुत कहानी है। हरियाणा के एक छोटे से गाँव करनाल में जन्मी कल्पना ने बचपन से ही अंतरिक्ष में जाने का सपना देखा। साधारण परिवेश से लेकर अंतरिक्ष तक की उनकी यात्रा में मेहनत, धैर्य और सपनों को साकार करने की अद्वितीय क्षमता शामिल है। भारत में अपनी प्रारंभिक शिक्षा पूरी करने के बाद उन्होंने अमेरिका जाकर एयरोस्पेस इंजीनियरिंग में विशेषज्ञता प्राप्त की। उनके नासा में चयनित होने और अंतरिक्ष यात्री बनने की यात्रा हर उस महिला के लिए प्रेरणा है, जो बड़े सपने देखने का साहस करती है। 1997 में, वे भारत की पहली महिला अंतरिक्ष यात्री बनीं। उनका पहला मिशन, एक भारतीय महिला द्वारा अंतरिक्ष में कदम रखने की ऐतिहासिक घटना थी।

2003 में कोलंबिया शटल मिशन के दौरान उनकी दुखद मृत्यु हुई, लेकिन उनका साहसिक योगदान और उनकी कहानी आज भी लाखों महिलाओं को अपने सपनों के लिए लड़ने का हौसला देती है।

इंदिरा गांधी भारतीय राजनीति में नारी नेतृत्व की पहचान हैं। अपने पिता, पंडित जवाहरलाल नेहरू से राजनीति के गुण सीखने वाली इंदिरा ने 1966 में भारत की पहली महिला प्रधानमंत्री बनकर इतिहास रच दिया। उन्होंने अपने राजनीतिक जीवन में कई साहसिक और निर्णायक कदम उठाए, जिन्होंने भारत के भविष्य को नई दिशा दी। उनके कार्यकाल के दौरान हरित क्रांति ने भारत को खाद्यान्न संकट से उबारा और कृषि क्षेत्र में आत्मनिर्भरता का मार्ग प्रशस्त किया। 1971 के भारत-पाकिस्तान युद्ध में उनकी रणनीतिक सोच और दृढ़ नेतृत्व ने बांग्लादेश को एक स्वतंत्र राष्ट्र के रूप में स्थापित किया। उनकी नेतृत्व क्षमता और साहस ने उन्हें "भारत की लौह महिला" का उपनाम दिया। हालांकि उनके द्वारा लागू किया गया आपातकाल विवादास्पद रहा, लेकिन इसने उनकी कठोर नेतृत्व शैली को उजागर किया। इंदिरा गांधी ने यह साबित किया कि महिलाएँ राजनीति और प्रशासन में समान रूप से प्रभावशाली हो सकती हैं और समाज में परिवर्तन लाने में अग्रणी भूमिका निभा सकती हैं।

इंदिरा नूयी का जीवन वैश्विक व्यापार जगत में भारतीय महिलाओं की पहचान का प्रतीक है। तमिलनाडु में जन्मी इंदिरा नूयी ने अपनी शिक्षा मद्रास विश्वविद्यालय और येल विश्वविद्यालय में पूरी की। 2006 में पेप्सिको की सीईओ और चेयरपर्सन के रूप में उन्होंने न केवल कंपनी को नई ऊँचाइयों पर पहुँचाया, बल्कि कार्यस्थल पर लैंगिक समानता और सामाजिक जिम्मेदारी को बढ़ावा दिया। उनके नेतृत्व में पेप्सिको ने न केवल वित्तीय लाभ कमाया, बल्कि पर्यावरण और समाज के प्रति अपनी जिम्मेदारियों का भी पालन किया। उन्होंने अपने करियर में महिलाओं को सशक्त बनाने और कार्यस्थलों पर लैंगिक समानता स्थापित करने का काम किया। उनकी कहानी यह सिद्ध करती है कि भारतीय महिलाएँ वैश्विक मंच पर भी अपनी नेतृत्व क्षमता से अपनी पहचान बना सकती हैं और अपनी सफलता के माध्यम से दूसरों को प्रेरित कर सकती हैं।

आधुनिक भारत में नारी नेतृत्व केवल कुछ गिनी-चुनी महिलाओं की कहानियों तक सीमित नहीं है। यह एक व्यापक आंदोलन का प्रतीक है, जिसमें महिलाएँ हर

क्षेत्र में अपने कौशल और आत्मविश्वास के बल पर नए मानदंड स्थापित कर रही हैं। ये कहानियाँ यह सिखाती हैं कि कठिनाई और संघर्ष केवल एक मार्ग हैं, जो हमें मजबूत बनाते हैं। कल्पना चावला ने यह दिखाया कि सपने पूरे करने के लिए सीमाएँ मायने नहीं रखतीं। इंदिरा गांधी ने यह सिद्ध किया कि नारी में समाज और राष्ट्र को बदलने की शक्ति है। इंदिरा नूयी ने यह साबित किया कि भारतीय महिलाएं विश्व स्तर पर भी नेतृत्व कर सकती हैं।

इन महिलाओं की सफलता केवल उनकी अपनी नहीं है; यह हर उस महिला की सफलता है, जो अपनी शक्ति और क्षमता को पहचानती है। यह नेतृत्व केवल व्यक्तिगत उपलब्धियों तक सीमित नहीं है, बल्कि यह समाज और राष्ट्र के विकास का प्रतीक है। इन महिलाओं ने यह दिखाया कि नारी शक्ति असीम है और उसे अगर सही दिशा और अवसर मिले, तो वह किसी भी बाधा को पार कर सकती है।

आधुनिक भारत में नारी नेतृत्व का यह उत्थान एक प्रेरणा है। यह हमें सिखाता है कि महिलाएँ न केवल अपने जीवन को, बल्कि समाज और राष्ट्र को भी नई दिशा दे सकती हैं। इन प्रेरक महिलाओं की कहानियाँ आज की और आने वाली पीढ़ियों के लिए मार्गदर्शन और प्रेरणा का स्रोत हैं। उन्होंने अपने अद्वितीय कार्यों से यह साबित किया है कि नारी शक्ति समाज और राष्ट्र के विकास की सबसे बड़ी संपत्ति है। उनकी उपलब्धियाँ हर महिला को यह विश्वास दिलाती हैं कि वह कुछ भी हासिल कर सकती है, यदि वह अपने सपनों और प्रयासों पर विश्वास करे। इन कहानियों के माध्यम से नारी नेतृत्व का यह संदेश फैलता है कि हर महिला में असीम संभावनाएँ हैं, जिन्हें पहचानकर वह अपने और अपने समाज के भविष्य को बदल सकती है।

4

नारी का आर्थिक सशक्तिकरण और राष्ट्र निर्माण

महिलाओं की भागीदारी से आर्थिक विकास और सामाजिक सुधार।

नारी का आर्थिक सशक्तिकरण और राष्ट्र निर्माण आधुनिक समाज की प्रगति का एक अनिवार्य पहलू है। भारत जैसे देश में, जहाँ नारी को देवी का स्थान दिया जाता है, महिलाओं ने अपनी क्षमता और दृढ़ता से यह सिद्ध कर दिया है कि वे न केवल परिवार की धुरी हैं, बल्कि आर्थिक और सामाजिक विकास की भी महत्वपूर्ण आधारशिला हैं। नारी का सशक्तिकरण केवल एक आदर्श या सामाजिक सुधार का विषय नहीं है, बल्कि यह राष्ट्रीय विकास और आर्थिक स्थिरता के लिए अत्यंत आवश्यक है।

जब महिलाएँ आर्थिक रूप से आत्मनिर्भर बनती हैं, तो यह केवल उनके व्यक्तिगत जीवन तक सीमित नहीं रहता, बल्कि पूरे समाज और राष्ट्र को एक नई दिशा प्रदान करता है।

आर्थिक सशक्तिकरण का अर्थ है कि महिलाएँ अपनी आय अर्जित करने में सक्षम हों और आर्थिक निर्णय लेने में स्वतंत्रता प्राप्त करें। यह न केवल उनके आत्मविश्वास को बढ़ाता है, बल्कि समाज में उनके प्रति भेदभाव और असमानता

को भी कम करता है। आर्थिक रूप से सशक्त महिलाएँ न केवल अपने परिवार का समर्थन करती हैं, बल्कि सामुदायिक और राष्ट्रीय विकास में भी योगदान देती हैं।

आत्मनिर्भरता के इस स्तर पर पहुँचकर वे अपने परिवार को आर्थिक स्थिरता प्रदान करती हैं, अपने बच्चों की शिक्षा में निवेश करती हैं, और स्वास्थ्य सुविधाओं को प्राथमिकता देती हैं। इसके साथ ही, वे अपने समुदाय और समाज को सशक्त बनाने में भी सहायक होती हैं।

महिलाओं की बढ़ती भागीदारी ने आर्थिक विकास में एक नई ऊर्जा प्रदान की है। आज महिलाएँ उद्योग, व्यापार, शिक्षा, और तकनीकी क्षेत्रों में अग्रणी भूमिका निभा रही हैं। उदाहरण के लिए, नायका की संस्थापक फाल्गुनी नायर ने अपने उद्यमशीलता के माध्यम से एक सफल व्यवसाय स्थापित किया, जिसने न केवल देश की अर्थव्यवस्था में योगदान दिया, बल्कि लाखों महिलाओं को रोजगार के अवसर भी प्रदान किए।

इसी प्रकार, ग्रामीण क्षेत्रों में महिलाएँ कृषि कार्यों और हस्तशिल्प के माध्यम से आर्थिक विकास को बढ़ावा दे रही हैं। स्वयं सहायता समूहों के माध्यम से महिलाएँ छोटे-छोटे उद्यम चला रही हैं, जो ग्रामीण अर्थव्यवस्था को मजबूती प्रदान कर रहे हैं। उनकी भागीदारी ने न केवल उनके जीवन को बेहतर बनाया है, बल्कि समाज में स्थिरता और आत्मनिर्भरता को भी बढ़ावा दिया है।

तकनीकी और डिजिटल युग में, महिलाओं ने आईटी और स्टार्टअप क्षेत्रों में अपनी प्रभावशाली भागीदारी से अर्थव्यवस्था को नई ऊँचाइयों पर पहुँचाया है। उनकी रचनात्मकता और नवाचार ने न केवल आर्थिक लाभ को बढ़ावा दिया है, बल्कि समाज को एक नई दिशा भी दी है।

महिलाएँ शिक्षा और स्वास्थ्य क्षेत्रों में भी अपनी महत्त्वपूर्ण भूमिका निभा रही हैं। डॉक्टर, शिक्षक, और सामाजिक कार्यकर्ता के रूप में उनका योगदान समाज के उत्थान और विकास में अपरिहार्य है।

नारी का आर्थिक सशक्तिकरण केवल आर्थिक लाभ तक सीमित नहीं है, बल्कि यह सामाजिक सुधार में भी सहायक है। आर्थिक रूप से सशक्त महिलाएँ अपने

बच्चों को बेहतर शिक्षा प्रदान कर समाज में साक्षरता दर को बढ़ाने में मदद करती हैं। वे अपने परिवार और समुदाय के स्वास्थ्य और स्वच्छता को प्राथमिकता देती हैं, जिससे समाज में जीवन स्तर में सुधार होता है।

इसके अलावा, महिलाओं ने सामाजिक कुरीतियों, जैसे दहेज प्रथा, बाल विवाह, और घरेलू हिंसा के खिलाफ खड़े होकर समाज में सकारात्मक बदलाव लाए हैं। उनकी बढ़ती जागरूकता और आत्मनिर्भरता ने उन्हें लैंगिक असमानता और भेदभाव के खिलाफ लड़ने का साहस दिया है।

राष्ट्र निर्माण में महिलाओं का योगदान अनमोल है। महिलाओं की भागीदारी ने राष्ट्रीय आय में वृद्धि की है, जिससे जीडीपी में सुधार हुआ है। संयुक्त राष्ट्र की एक रिपोर्ट के अनुसार, यदि महिलाओं की भागीदारी पुरुषों के बराबर हो जाए, तो वैश्विक जीडीपी में 26% की वृद्धि हो सकती है।

भारत में भी, महिलाएँ पंचायतों से लेकर संसद तक राजनीतिक प्रक्रिया में सक्रिय रूप से भाग ले रही हैं। उनके नेतृत्व ने न केवल समाज में संतुलन स्थापित किया है, बल्कि राष्ट्रीय स्थिरता और विकास में भी योगदान दिया है।

भारतीय महिलाएँ आज वैश्विक मंच पर अपनी पहचान बना रही हैं। इंदिरा नूयी, किरण मजूमदार शॉ, और सानिया मिर्जा जैसी महिलाओं ने अपनी प्रतिभा और परिश्रम से भारत को अंतरराष्ट्रीय स्तर पर गौरवान्वित किया है। इनकी कहानियाँ यह साबित करती हैं कि भारतीय महिलाएँ किसी भी क्षेत्र में उत्कृष्टता प्राप्त कर सकती हैं और समाज को एक नई दिशा प्रदान कर सकती हैं।

हालाँकि, नारी सशक्तिकरण की दिशा में प्रगति हुई है, लेकिन चुनौतियाँ अभी भी बरकरार हैं। सामाजिक रूढ़ियाँ, लैंगिक भेदभाव, आर्थिक अवसरों की कमी, और शिक्षा व कौशल प्रशिक्षण का अभाव आज भी कई महिलाओं को उनके अधिकारों से वंचित कर रहा है।

इन चुनौतियों का समाधान करने के लिए शिक्षा और प्रशिक्षण के अवसर बढ़ाना, महिलाओं को वित्तीय सहायता प्रदान करना, और सरकारी योजनाओं का प्रभावी कार्यान्वयन आवश्यक है।

नारी का आर्थिक सशक्तिकरण केवल एक महिला के जीवन को बदलने का कार्य नहीं है; यह पूरे समाज और राष्ट्र को समृद्ध बनाने का मार्ग है। महिलाओं ने अपनी क्षमता और नेतृत्व से यह साबित किया है कि वे समाज, राजनीति, और अर्थव्यवस्था में अग्रणी भूमिका निभा सकती हैं। उनका सशक्तिकरण समाज में सकारात्मक बदलाव लाने का सबसे बड़ा उपकरण है।

यह कहना अतिशयोक्ति नहीं होगी कि एक सशक्त नारी ही एक सशक्त राष्ट्र का निर्माण कर सकती है। उनकी शक्ति, आत्मविश्वास, और दृढ़ संकल्प ने यह सिद्ध कर दिया है कि नारी सशक्तिकरण राष्ट्र निर्माण का सबसे मजबूत आधार है।

৩⬥৩

"शक्तिरूपेण संस्थिता।"

(देवी महात्म्य)

नारी शक्ति का प्रतीक है। वह संसार के संचालन और सृजन की आधारशिला है।

৩⬥৩

"जननी जन्मभूमिश्च स्वर्गादपि गरीयसी।"

(रामायण)

माँ और जन्मभूमि स्वर्ग से भी महान हैं। यह माँ के प्रति आदर और श्रद्धा का प्रतीक है।

৩⬥৩

5

धर्म और संस्कृति में नारी का योगदान

धर्म, कला और संस्कृति को समृद्ध बनाने में महिलाओं की भूमिका।

धर्म, कला और संस्कृति के क्षेत्र में नारी का योगदान भारतीय सभ्यता की नींव है। नारी ने सृजन, संरक्षण और संवर्धन के माध्यम से इन तीनों को समृद्ध किया है। वह न केवल एक परिवार की धुरी है, बल्कि समाज और राष्ट्र की सांस्कृतिक और आध्यात्मिक आत्मा भी है। धर्म के क्षेत्र में नारी का योगदान सदियों से प्रेरणादायक रहा है।

प्राचीन काल में ऋषिकाएँ, जैसे गार्गी और मैत्रेयी, धर्म और दर्शन के गूढ़ विषयों पर शास्त्रार्थ करती थीं। उन्होंने वेदों और उपनिषदों में अपने विचारों का योगदान दिया और धर्म की परिभाषा को एक व्यापक और समावेशी दृष्टिकोण प्रदान किया।

कला के क्षेत्र में नारी ने भारतीय परंपरा को सृजनात्मकता, सौंदर्य और नवाचार से समृद्ध किया है। भरतनाट्यम, कथक, ओडिसी, और कुचिपुड़ी जैसे शास्त्रीय नृत्य रूपों में नारियों का योगदान अद्वितीय है। रुक्मिणी देवी अरुंडेल जैसी महान कलाकारों ने इन प्राचीन कला रूपों को पुनर्जीवित किया और उन्हें वैश्विक मंच पर प्रस्तुत किया।

संगीत के क्षेत्र में नारियों ने भी अद्वितीय भूमिका निभाई है। एम.एस. सुब्बुलक्ष्मी, लता मंगेशकर, और अन्नपूर्णा देवी जैसी कलाकारों ने भारतीय संगीत को नई ऊँचाइयों पर पहुँचाया। वे न केवल कला के स्वरूप को सजग रखने में सफल रहीं, बल्कि उन्होंने भारतीय कला को वैश्विक पहचान दिलाई।

साहित्य के क्षेत्र में भी नारी का योगदान अमूल्य है। वैदिक काल में घोषा और अपाला जैसी विदुषियों ने वेदों की ऋचाओं की रचना की। आधुनिक काल में महादेवी वर्मा, अमृता प्रीतम, और सुभद्रा कुमारी चौहान जैसी लेखिकाओं ने अपनी लेखनी से समाज को झकझोरा और साहित्य को समृद्ध किया। इन नारियों ने अपने सृजन के माध्यम से न केवल समाज में सुधार की दिशा दिखलाई, बल्कि साहित्य के माध्यम से स्त्री सशक्तिकरण को भी बढ़ावा दिया।

संस्कृति के संरक्षण और संवर्धन में नारी की भूमिका सदैव महत्वपूर्ण रही है। वह पारिवारिक रीति-रिवाजों और परंपराओं की संवाहिका है। त्योहारों, विवाह संस्कारों और अन्य सामाजिक आयोजनों के माध्यम से वह संस्कृति को जीवंत रखती है। पारंपरिक खानपान और वस्त्रों की विविधता को संरक्षित करने में नारियों की भूमिका महत्वपूर्ण है। उनके कौशल और ज्ञान ने भारतीय परंपराओं को अगली पीढ़ियों तक पहुँचाने का कार्य किया है।

आधुनिक युग में नारी ने धर्म, कला और संस्कृति को नई ऊँचाई दी है। धार्मिक संस्थानों में नेतृत्व से लेकर सामाजिक आंदोलनों में भागीदारी तक, उन्होंने हर क्षेत्र में अपनी उपस्थिति दर्ज कराई है। कला के क्षेत्र में वे समकालीन और शास्त्रीय दोनों प्रकार की कलाओं में योगदान दे रही हैं। शास्त्रीय नृत्य, संगीत, और चित्रकला के साथ-साथ आधुनिक डिज़ाइन, फिल्म, और डिजिटल मीडिया में भी उनका योगदान उल्लेखनीय है।

संस्कृति के क्षेत्र में आधुनिक नारियाँ शिक्षा, सामाजिक सुधार, और सांस्कृतिक कार्यक्रमों के माध्यम से भारतीय संस्कृति को संरक्षित और संवर्धित कर रही हैं। वे न केवल अपने परिवार, बल्कि समाज और राष्ट्र को भी प्रेरित कर रही हैं। रवींद्रनाथ ठाकुर की बहन स्वर्णकुमारी देवी और सरोजिनी नायडू जैसी नारियों ने समाज में सांस्कृतिक जागरूकता फैलाने का काम किया।

नारी का योगदान केवल अतीत तक सीमित नहीं है। वह हर युग में धर्म, कला और संस्कृति की आत्मा रही है। उसकी सृजनात्मकता और नेतृत्व ने भारतीय समाज को सशक्त और समृद्ध बनाया है। नारी के बिना धर्म, कला और संस्कृति अधूरी हैं। वह न केवल प्रेरणादायक है, बल्कि समाज को नैतिक और सांस्कृतिक स्थिरता देने वाली शक्ति भी है। यह कहना अतिशयोक्ति नहीं होगी कि नारी के बिना भारतीय सभ्यता का अस्तित्व संभव नहीं।

6

गुरुकुलों और शिक्षा संस्थानों में नारी

नारियों द्वारा गुरुकुलों की स्थापना और शिक्षण के माध्यम से योगदान।

भारतीय संस्कृति में गुरुकुलों और शिक्षा का हमेशा से एक महत्वपूर्ण स्थान रहा है। यह केवल ज्ञान के आदान-प्रदान का माध्यम नहीं था, बल्कि नैतिकता, अनुशासन, और जीवन मूल्यों को सिखाने का केंद्र भी था। प्राचीन काल से ही नारी का योगदान शिक्षा के क्षेत्र में अत्यंत महत्वपूर्ण रहा है। नारियाँ न केवल शिक्षा प्राप्त करती थीं, बल्कि अपने ज्ञान और प्रयासों से समाज को बौद्धिक और नैतिक रूप से समृद्ध भी बनाती थी। वैदिक काल से लेकर आधुनिक युग तक, नारी ने शिक्षा के क्षेत्र में अपना अमूल्य योगदान दिया है।

वैदिक काल में नारी को शिक्षा का पूरा अधिकार था। वह गुरुकुलों में ब्रह्मचारिणी के रूप में शिक्षा प्राप्त करती थी और वेद, उपनिषद, ज्योतिष, गणित, और अन्य विषयों में पारंगत होती थी। गार्गी, मैत्रेयी, घोषा, और अपाला जैसी ऋषिकाएँ इसका प्रत्यक्ष प्रमाण हैं, जिन्होंने न केवल शिक्षा प्राप्त की, बल्कि ज्ञान के प्रसार में भी अपनी महत्वपूर्ण भूमिका निभाई। इन विदुषियों ने धर्म और दर्शन जैसे जटिल विषयों पर पुरुष विद्वानों के साथ शास्त्रार्थ किया और अपनी बौद्धिक क्षमता को सिद्ध किया। वैदिक गुरुकुलों में नारी को केवल शिक्षा ही नहीं, बल्कि नैतिकता और धर्म के मूल्यों को सिखाने की जिम्मेदारी भी दी जाती थी।

मध्यकाल में सामाजिक और राजनीतिक परिस्थितियों के कारण महिलाओं की शिक्षा पर प्रतिबंध लग गया। लेकिन इस युग में भी कुछ नारियों ने शिक्षा के क्षेत्र में अपने योगदान से इतिहास में अपनी पहचान बनाई। मीराबाई और अक्का महादेवी जैसी संत कवयित्रियों ने भक्ति और धर्म के माध्यम से नैतिक शिक्षा का प्रसार किया। उन्होंने समाज को नैतिकता और आध्यात्मिकता का संदेश दिया। इस काल में, महिलाएँ पारिवारिक गुरुकुलों के माध्यम से बच्चों को शिक्षा और संस्कार प्रदान करती थीं। वे घर के भीतर ही शिक्षा का केंद्र स्थापित कर परिवार और समाज में अपनी भूमिका निभाती थीं।

आधुनिक युग में नारियों ने शिक्षा के क्षेत्र में अपनी पहचान और अधिक सशक्त की। उन्होंने न केवल शिक्षा प्राप्त की, बल्कि स्वयं शिक्षा संस्थानों की स्थापना कर समाज में जागरूकता फैलाने का कार्य किया। महर्षि दयानंद सरस्वती की प्रेरणा से कई महिलाओं ने वैदिक शिक्षा के प्रचार-प्रसार के लिए गुरुकुलों की स्थापना की। डॉ. प्रज्ञा देवी और मेधा देवी जैसी नारियाँ बालिकाओं को शिक्षित करने के लिए समर्पित रहीं। उनके गुरुकुलों में वैदिक और आधुनिक शिक्षा का समन्वय किया गया, जिससे बालिकाएँ न केवल बौद्धिक रूप से सशक्त हुईं, बल्कि सांस्कृतिक और नैतिक मूल्यों में भी पारंगत हुईं।

महिला शिक्षा के क्षेत्र में सावित्रीबाई फुले का योगदान विशेष रूप से उल्लेखनीय है। उन्होंने महिलाओं के लिए स्कूल खोलकर उन्हें शिक्षा का अधिकार दिलाने की दिशा में एक क्रांतिकारी पहल की। एनी बेसेंट ने भी शिक्षा के माध्यम से भारतीय महिलाओं को सशक्त बनाने का कार्य किया। इन प्रयासों ने महिलाओं को समाज में एक नई पहचान दी और उन्हें आर्थिक और सामाजिक रूप से आत्मनिर्भर बनने की प्रेरणा दी।

आज, महिलाएँ शिक्षा के क्षेत्र में नेतृत्वकारी भूमिकाएँ निभा रही हैं। वे विश्वविद्यालयों, स्कूलों, और शिक्षा बोर्डों में न केवल शिक्षिका के रूप में, बल्कि प्रशासक और नीति निर्धारण में भी महत्त्वपूर्ण भूमिका निभा रही हैं। नारियाँ शिक्षा में नवाचार और तकनीकी पद्धतियों का उपयोग कर रही हैं, जिससे शिक्षा का स्तर और अधिक प्रभावशाली हो रहा है। वे विज्ञान, गणित, इतिहास, और साहित्य जैसे विषयों में निपुणता प्राप्त कर रही हैं और नई पीढ़ी को शिक्षित करने में अग्रणी भूमिका निभा रही हैं।

शिक्षा के माध्यम से समाज पर नारियों का प्रभाव व्यापक है। वे बच्चों में नैतिकता, अनुशासन, और जीवन मूल्यों का बीजारोपण करती हैं। उनके शिक्षण से समाज में लैंगिक समानता को बढ़ावा मिलता है और सामाजिक सुधार का मार्ग प्रशस्त होता है। शिक्षित नारियाँ न केवल अपने परिवार को सशक्त बनाती हैं, बल्कि राष्ट्र निर्माण में भी महत्त्वपूर्ण योगदान देती हैं।

गुरुकुलों और शिक्षा संस्थानों में नारी का योगदान भारतीय संस्कृति और समाज के लिए अत्यंत महत्त्वपूर्ण है। उन्होंने अपने ज्ञान, नेतृत्व, और मेहनत से यह सिद्ध किया है कि शिक्षा केवल पुरुषों का अधिकार नहीं, बल्कि नारियाँ भी इसका समान रूप से हिस्सा हैं। उनके प्रयासों ने समाज को नैतिक, सांस्कृतिक, और बौद्धिक रूप से समृद्ध बनाया है। नारी का यह योगदान भारतीय इतिहास का एक गर्वपूर्ण अध्याय है, जो आज भी हमें प्रेरणा देता है और आने वाले समय में समाज को दिशा देने का कार्य करेगा।

৩

"अविद्या से ज्ञान की ओर ले जाने वाली नारी ही समाज की वास्तविक शिक्षिका है।"

(ऋग्वेद)

यह नारी के ज्ञान और शिक्षा में योगदान को रेखांकित करता है।

৩

"स्त्रीणां नारायणो देवः पतिः च।"

(महाभारत)

नारी के लिए उसका पति देवता के समान होता है, परंतु यह तभी संभव है जब वह पति उसे आदर और समानता प्रदान करे।

7

वैश्विक स्तर पर भारतीय नारी की छवि

अंतरराष्ट्रीय मंच पर भारतीय महिलाओं का योगदान और प्रतिष्ठा।

भारतीय नारी ने अपनी दृढ़ता, योग्यता, और मेहनत के बल पर वैश्विक मंच पर एक विशिष्ट पहचान बनाई है। उनका योगदान न केवल भारतीय संस्कृति और परंपरा को सशक्त रूप से प्रस्तुत करता है, बल्कि यह भी सिद्ध करता है कि महिलाएँ किसी भी क्षेत्र में सफलता की ऊँचाइयों को छूने में सक्षम हैं।

इतिहास से लेकर आधुनिक युग तक, भारतीय महिलाएँ अपने ज्ञान, कौशल, और नेतृत्व क्षमता के माध्यम से पूरी दुनिया को प्रेरित कर रही हैं। विज्ञान, व्यापार, राजनीति, कला, और खेल जैसे क्षेत्रों में उनकी भूमिका ने भारत की छवि को अंतरराष्ट्रीय स्तर पर और भी सशक्त बनाया है।

वैदिक काल से ही भारतीय नारियाँ अपने ज्ञान और कौशल के लिए प्रसिद्ध रही हैं। गार्गी और मैत्रेयी जैसी विदुषियों ने अपने दार्शनिक दृष्टिकोण और विद्वता से समाज को प्रेरित किया। मध्यकाल में मीराबाई और अक्का महादेवी ने भक्ति और आध्यात्मिकता के माध्यम से न केवल समाज को नैतिकता का संदेश दिया, बल्कि भारतीय परंपरा को भी समृद्ध किया।

आधुनिक युग में, भारतीय नारियों ने अपनी पारंपरिक भूमिकाओं से आगे बढ़ते हुए अंतरराष्ट्रीय मंच पर अपनी उपस्थिति दर्ज कराई है।

वैश्विक मंच पर भारतीय महिलाओं का योगदान कई क्षेत्रों में देखा जा सकता है। विज्ञान और प्रौद्योगिकी में, कल्पना चावला ने अंतरिक्ष में कदम रखकर भारतीय महिलाओं के लिए एक नया मार्ग प्रशस्त किया। उनके साथ सुनीता विलियम्स और गगनदीप कांग जैसी वैज्ञानिकों ने भी अपने अनुसंधानों और उपलब्धियों के माध्यम से भारत का नाम रोशन किया।

व्यापार और उद्योग में इंदिरा नूयी और किरण मजूमदार शॉ जैसी महिलाओं ने नेतृत्व करते हुए यह साबित किया कि भारतीय महिलाएँ वैश्विक बाजार में प्रतिस्पर्धा करने में सक्षम हैं। इंदिरा नूयी ने पेप्सिको को नई ऊँचाइयों पर पहुँचाया, जबकि किरण मजूमदार शॉ ने भारतीय बायोटेक उद्योग को अंतरराष्ट्रीय स्तर पर ख्याति दिलाई।

भारतीय नारियाँ राजनीति और कूटनीति में भी अपनी प्रतिभा का प्रदर्शन कर रही हैं। इंदिरा गांधी, जो भारत की पहली महिला प्रधानमंत्री थीं, ने अपने कार्यकाल में न केवल भारत को सशक्त किया, बल्कि अंतरराष्ट्रीय स्तर पर भारत की स्वतंत्र छवि को और भी मजबूत किया। निरुपमा राव जैसी महिला राजनयिकों ने कूटनीतिक क्षेत्र में अपनी विशेषज्ञता और नेतृत्व क्षमता का प्रदर्शन किया।

भारतीय नारियों का योगदान कला और संस्कृति के क्षेत्र में भी उल्लेखनीय है। लता मंगेशकर ने अपनी अद्वितीय आवाज़ से भारतीय संगीत को वैश्विक पहचान दिलाई। एम.एस. सुब्बुलक्ष्मी ने शास्त्रीय संगीत को अंतरराष्ट्रीय मंच पर प्रस्तुत कर भारतीय कला को समृद्ध किया। सिनेमा के क्षेत्र में मधुबाला और प्रियंका चोपड़ा जैसी अभिनेत्रियों ने बॉलीवुड और हॉलीवुड दोनों में अपनी प्रतिभा का लोहा मनवाया। खेल जगत में भी भारतीय महिलाएँ पीछे नहीं रहीं। पी.वी. सिंधु ने बैडमिंटन में ओलंपिक पदक जीतकर भारत का गौरव बढ़ाया, जबकि सानिया मिर्जा और मिताली राज जैसी खिलाड़ियों ने अपने-अपने खेलों में अद्वितीय प्रदर्शन किया।

भारतीय नारी की इस वैश्विक छवि के पीछे भारतीय संस्कृति और परंपरा की गहरी छाप है। भारतीय परंपरा में नारी को शक्ति और सहनशीलता का प्रतीक माना गया है। यह दृष्टिकोण उन्हें कठिन परिस्थितियों में भी डटकर खड़े रहने

और अपनी पहचान बनाने की प्रेरणा देता है। आधुनिक शिक्षा और कौशल विकास ने भारतीय महिलाओं को आत्मनिर्भर और सशक्त बनाया है। साथ ही, सामाजिक सुधारों और समान अधिकारों की वकालत ने उन्हें अंतरराष्ट्रीय मंच पर अपनी प्रतिभा का प्रदर्शन करने का अवसर दिया।

भारतीय नारियों ने अपने कार्यों से यह साबित किया है कि वे केवल परिवार और समाज तक सीमित नहीं हैं। उनके योगदान ने भारत की संस्कृति और परंपरा को वैश्विक स्तर पर प्रस्तुत किया है और यह सिद्ध किया है कि भारतीय महिलाएँ अपनी मेहनत, आत्मविश्वास, और समर्पण के बल पर किसी भी क्षेत्र में सफलता प्राप्त कर सकती हैं। उनकी उपलब्धियाँ केवल भारत के लिए नहीं, बल्कि पूरी दुनिया के लिए प्रेरणा का स्रोत हैं।

भारतीय नारी की यह वैश्विक छवि आत्मनिर्भरता, शक्ति, और प्रेरणा का प्रतीक है। कल्पना चावला, इंदिरा नूयी, और पी.वी. सिंधु जैसी नारियाँ इस बात का उदाहरण हैं कि भारतीय महिलाएँ न केवल अपनी योग्यता से खुद को स्थापित कर रही हैं, बल्कि अपने देश को भी गौरवान्वित कर रही हैं। उनका योगदान न केवल भारतीय समाज के लिए, बल्कि पूरे विश्व के लिए मूल्यवान है। यह कहना गलत नहीं होगा कि भारतीय नारी की सशक्त छवि न केवल भारत की सांस्कृतिक धरोहर को सशक्त बनाती है, बल्कि यह भी सिद्ध करती है कि नारी सशक्तिकरण ही राष्ट्र और समाज की प्रगति का सही मार्ग है।

8

नारी: वीरता और समर्पण की मूर्ति

स्वतंत्रता आंदोलन और समाज सुधार में नारियों की वीरता का चित्रण।

भारतीय इतिहास में नारी का स्थान सदैव अद्वितीय और प्रेरणादायक रहा है। नारी को भारतीय समाज में न केवल सहनशीलता और प्रेम की मूर्ति माना गया है, बल्कि वीरता और समर्पण का प्रतीक भी समझा गया है। यह विशेषता भारतीय स्वतंत्रता संग्राम और समाज सुधार आंदोलनों में नारी की भागीदारी और उसके अद्वितीय योगदान में स्पष्ट रूप से झलकती है। नारी ने अपने अदम्य साहस, संकल्प और त्याग से न केवल सामाजिक कुरीतियों के खिलाफ लड़ाई लड़ी, बल्कि विदेशी शासन को चुनौती देकर स्वतंत्रता के लिए अपने प्राणों की आहुति दी।

भारतीय स्वतंत्रता आंदोलन में नारियों ने न केवल परदे के पीछे रहकर बल्कि रणभूमि और नेतृत्व के मोर्चे पर भी अपनी भूमिका निभाई। झांसी की रानी लक्ष्मीबाई का नाम स्वतंत्रता संग्राम की पहली महिला सेनानियों में आदरपूर्वक लिया जाता है। उन्होंने 1857 के विद्रोह में झांसी की रक्षा के लिए अंग्रेजों के खिलाफ साहसिक युद्ध लड़ा।

अपनी तलवारबाजी और युद्ध कौशल से उन्होंने यह सिद्ध किया कि नारी केवल घर की लक्ष्मी नहीं, बल्कि युद्धभूमि की दुर्गा भी हो सकती है। इसी प्रकार, बेगम हजरत महल ने 1857 के विद्रोह में अवध की रक्षा के लिए अंग्रेजी शासन

को चुनौती दी। उनकी रणनीतियों और नेतृत्व क्षमता ने उन्हें भारतीय स्वतंत्रता संग्राम में अमर बना दिया।

सरोजिनी नायडू, जिन्हें "नाइटिंगेल ऑफ इंडिया" के रूप में जाना जाता है, ने स्वतंत्रता आंदोलन में महिलाओं को संगठित किया और असहयोग आंदोलन और सविनय अवज्ञा आंदोलन में महत्वपूर्ण भूमिका निभाई। अरुणा आसफ अली ने 1942 के भारत छोड़ो आंदोलन में गोवालिया टैंक मैदान में राष्ट्रीय ध्वज फहराकर साहस और नेतृत्व का परिचय दिया।

उषा मेहता ने भूमिगत रेडियो स्टेशन चलाकर स्वतंत्रता संग्राम के समाचार और संदेशों का प्रसार किया। इन सभी नारियों ने अपनी अद्वितीय वीरता और त्याग से यह सिद्ध किया कि स्वतंत्रता आंदोलन में नारी की भूमिका किसी भी प्रकार से पुरुषों से कम नहीं थी।

समाज सुधार आंदोलनों में भी नारी ने अपनी प्रेरणादायक भूमिका निभाई। सावित्रीबाई फुले ने महिलाओं की शिक्षा के लिए कार्य करते हुए भारत का पहला बालिका विद्यालय स्थापित किया। उन्होंने समाज में महिलाओं के प्रति भेदभाव और असमानता को दूर करने के लिए संघर्ष किया। पंडिता रमाबाई ने विधवा पुनर्विवाह और महिला शिक्षा के क्षेत्र में काम किया और अपने प्रयासों से नारी सशक्तिकरण की दिशा में एक नई शुरुआत की।

कस्तूरबा गांधी ने महात्मा गांधी के साथ सामाजिक और राजनीतिक आंदोलनों में भाग लिया। उनकी सादगी और समर्पण ने महिलाओं को आत्मनिर्भर बनने के लिए प्रेरित किया। अमृत कौर, जो स्वतंत्र भारत की पहली स्वास्थ्य मंत्री बनीं, ने स्वास्थ्य सेवाओं और महिला शिक्षा के क्षेत्र में सुधार के लिए उल्लेखनीय कार्य किया।

नारी की इस वीरता और समर्पण ने समाज और राष्ट्र पर गहरा प्रभाव डाला। स्वतंत्रता संग्राम में नारियों की भूमिका ने न केवल पुरुषों को प्रेरित किया, बल्कि यह संदेश भी दिया कि नारी किसी भी क्षेत्र में पीछे नहीं है। उनके समर्पण ने समाज में शिक्षा, स्वास्थ्य और सामाजिक सुधार के महत्व को बढ़ावा दिया। उनके प्रयासों से समाज में लैंगिक समानता की दिशा में प्रगति हुई। नारी के संघर्ष और

योगदान ने यह सिद्ध किया कि महिलाओं को समान अधिकार और सम्मान मिलना चाहिए।

नारी की वीरता और समर्पण आज भी समाज और राष्ट्र के लिए प्रेरणा का स्रोत है। उनकी कहानियाँ यह सिखाती हैं कि कठिन परिस्थितियों के बावजूद, साहस और दृढ़ संकल्प से हर बाधा को पार किया जा सकता है। भारतीय स्वतंत्रता आंदोलन और समाज सुधार आंदोलनों में नारी के योगदान ने यह स्पष्ट कर दिया है कि नारी केवल परिवार और समाज की संरक्षिका नहीं है, बल्कि वह राष्ट्र की शक्ति और गौरव का प्रतीक भी है।

आज की पीढ़ी के लिए नारी के साहस और समर्पण की यह कहानियाँ प्रेरणा का स्रोत हैं। वे हमें यह सिखाती हैं कि एक सशक्त नारी ही सशक्त समाज और सशक्त राष्ट्र की नींव है। नारी का यह योगदान भारतीय इतिहास और संस्कृति का गौरव है, जो आने वाली पीढ़ियों को अपने सपनों को साकार करने और समाज में अपनी पहचान स्थापित करने के लिए प्रेरित करता रहेगा।

❦

"नारी का सम्मान करना ही समाज की महानता का प्रतीक है।"

(विदुर नीति)

विदुर ने यह स्पष्ट किया है कि एक सभ्य समाज वही है जो नारी का आदर करता है।

❦

"अर्धनारीश्वरं हि ब्रह्म।"

(शिव पुराण)

शिव और शक्ति का अर्धनारीश्वर रूप यह दर्शाता है कि पुरुष और नारी एक-दूसरे के बिना अपूर्ण हैं।

☙

९

भविष्य की नारी और राष्ट्रोत्थान

वर्तमान चुनौतियों का सामना करते हुए नारियों का भविष्य में योगदान।

नारी सदा से समाज और राष्ट्र निर्माण की आधारशिला रही है। बदलते समय और परिवेश में नारी की भूमिका और भी महत्वपूर्ण हो गई है। आज की नारी केवल घर-परिवार तक सीमित नहीं है, बल्कि वह समाज, राजनीति, अर्थव्यवस्था, विज्ञान, और तकनीकी जैसे अनेक क्षेत्रों में अपनी उपस्थिति दर्ज करवा रही है। भविष्य की नारी वह होगी जो अपने साहस, बुद्धिमत्ता, और नेतृत्व के बल पर समाज और राष्ट्र को एक नई दिशा देगी। उसके समर्पण और योगदान से न केवल समाज का उत्थान होगा, बल्कि राष्ट्र भी नई ऊँचाइयों को छुएगा।

आज नारी को अनेक चुनौतियों का सामना करना पड़ रहा है। इनमें प्रमुख है लैंगिक असमानता, जो महिलाओं को हर क्षेत्र में समान अवसर और अधिकार प्राप्त करने से रोकती है। हालांकि शिक्षा और जागरूकता के माध्यम से यह असमानता धीरे-धीरे समाप्त हो रही है, लेकिन इसे पूरी तरह समाप्त करने के लिए और अधिक प्रयासों की आवश्यकता है। भविष्य की नारी इस चुनौती का सामना करते हुए कार्यस्थल, राजनीति, और समाज में समानता की माँग करेगी। सुरक्षा की चिंता भी महिलाओं के लिए एक बड़ी चुनौती है। भविष्य में नारी न केवल अपनी सुरक्षा के लिए तकनीकी और सामुदायिक उपाय अपनाएगी, बल्कि आत्मरक्षा के तरीकों को भी प्रोत्साहन देगी। इसके साथ ही, आर्थिक

आत्मनिर्भरता के प्रति उसका रुझान उसे सशक्त बनाएगा। वह नए अवसरों का लाभ उठाकर उद्यमिता और डिजिटल प्लेटफॉर्म्स के माध्यम से आत्मनिर्भर बनेगी।

भविष्य की नारी शिक्षा और कौशल विकास के क्षेत्र में भी नई उपलब्धियाँ हासिल करेगी। विज्ञान, तकनीकी, और नवाचार जैसे क्षेत्रों में उसका योगदान उसे और अधिक सशक्त बनाएगा। वह नई तकनीकों और पद्धतियों को अपनाकर समाज के विकास में महत्वपूर्ण भूमिका निभाएगी। शिक्षा और कौशल के माध्यम से न केवल वह अपनी व्यक्तिगत पहचान बनाएगी, बल्कि राष्ट्र की प्रगति में भी योगदान देगी।

राजनीति और शासन में नारी की भूमिका भी भविष्य में बढ़ेगी। वह नीतियों और कानूनों के निर्माण में सक्रिय भूमिका निभाएगी, जिससे समाज में महिलाओं के लिए बेहतर अवसर और अधिकार सुनिश्चित किए जा सकें। अर्थव्यवस्था के क्षेत्र में भी नारी का योगदान अतुलनीय होगा। उद्योग, व्यापार, और स्टार्टअप के माध्यम से वह न केवल खुद को सशक्त बनाएगी, बल्कि समाज और राष्ट्र की आर्थिक प्रगति में भी सहयोग देगी। इसके साथ ही, पर्यावरण संरक्षण और स्थायी विकास में भी नारी की भूमिका अहम होगी। वह पर्यावरणीय जागरूकता फैलाने और हरित तकनीकों को प्रोत्साहित करने में अपनी महत्वपूर्ण भूमिका निभाएगी।

भविष्य की नारी समाज में बालिका शिक्षा, स्वास्थ्य सेवाओं, और लैंगिक समानता के लिए काम करेगी। वह सामाजिक कुरीतियों को समाप्त करने और समाज में सकारात्मक बदलाव लाने के लिए समर्पित रहेगी। विज्ञान और तकनीकी के क्षेत्र में नारी का नेतृत्व उसे नई ऊँचाइयों तक ले जाएगा। अंतरिक्ष अन्वेषण, आर्टिफिशियल इंटेलिजेंस, और अन्य उभरते क्षेत्रों में उसका योगदान राष्ट्र को वैश्विक मंच पर सशक्त बनाएगा।

नारी के योगदान का प्रभाव न केवल सामाजिक और आर्थिक स्तर पर महसूस किया जाएगा, बल्कि यह राष्ट्र की सांस्कृतिक और नैतिक स्थिरता को भी मजबूत करेगा। नारी समाज में नैतिकता और अनुशासन का प्रचार-प्रसार करेगी और अपने बच्चों तथा समुदाय को प्रेरित करेगी। शिक्षित और सशक्त नारी राष्ट्र की प्रगति में महत्वपूर्ण भूमिका निभाएगी। वह समाज को प्रगतिशील बनाने और

राष्ट्र को समृद्धि की दिशा में अग्रसर करने में सहायक होगी।

हालाँकि, इन उपलब्धियों को हासिल करने के लिए समाज और सरकार को मिलकर प्रयास करने होंगे। हर नारी को शिक्षा और कौशल विकास के समान अवसर प्रदान करना होगा। महिलाओं की सुरक्षा सुनिश्चित करनी होगी और उनके लिए रोजगार और उद्यमिता के अधिक अवसर उपलब्ध कराए जाने चाहिए। इसके साथ ही, कानून और समाज में महिलाओं को समान अधिकार प्रदान करने की दिशा में ठोस कदम उठाने होंगे।

भविष्य की नारी केवल समाज की आधारशिला नहीं होगी, बल्कि वह राष्ट्र निर्माण की दिशा में एक मजबूत स्तंभ के रूप में उभरेगी। अपनी शिक्षा, कौशल, और नेतृत्व क्षमता से वह हर क्षेत्र में नए कीर्तिमान स्थापित करेगी। यह कहना अतिशयोक्ति नहीं होगी कि नारी का सशक्तिकरण ही राष्ट्रोत्थान का मार्ग है। जब नारी सशक्त होगी, तभी समाज और राष्ट्र प्रगति और समृद्धि की ऊँचाइयों को छू पाएगा। नारी की यह प्रेरणादायक यात्रा हमें यह सिखाती है कि सशक्त नारी ही सशक्त राष्ट्र का निर्माण कर सकती है।

⟨๏⟩

"नारी जीवन का आधार है। वह केवल जीवन नहीं देती, बल्कि जीवन को सही दिशा भी प्रदान करती है।"

(तिरुक्कुरल)

यह तमिल साहित्य का महान उद्धरण है, जो नारी के महत्व को रेखांकित करता है।

⟨๏⟩

"स्त्री स्वयं में सम्पूर्ण है, वह केवल सृजनकर्ता ही नहीं, जीवन की संरक्षिका भी है।"

(याज्ञवल्क्य)

यह नारी की सृजनात्मक और रक्षात्मक भूमिका को स्वीकार करता है।

๏๏

"स्त्री स्वयं में सम्पूर्ण है, वह केवल सृजनकर्ता ही नहीं, जीवन की संरक्षिका भी है।"

10

नारी और पर्यावरण संरक्षण

पर्यावरण सुरक्षा में नारियों की भूमिका और उनका दृष्टिकोण।

नारी और प्रकृति का संबंध सदा से अत्यंत गहरा और अद्भुत रहा है। नारी को जीवन की जननी और प्रकृति को सृष्टि की जननी कहा गया है। इस अद्वितीय संबंध के कारण नारी स्वाभाविक रूप से पर्यावरण संरक्षण के प्रति जागरूक और संवेदनशील होती है। उसकी सहनशीलता, संवेदनशीलता, और भविष्य के प्रति चिंता उसे पर्यावरण की रक्षा और प्राकृतिक संसाधनों के संरक्षण में एक प्रभावी भूमिका निभाने के लिए प्रेरित करती है। नारी का यह समर्पण केवल परिवार तक सीमित नहीं है, बल्कि यह समाज, राष्ट्र, और वैश्विक स्तर पर भी महत्वपूर्ण प्रभाव डालता है।

परंपरागत रूप से नारियाँ जल, जंगल, और जमीन के संरक्षण में अपनी महत्त्वपूर्ण भूमिका निभाती आई हैं। ग्रामीण क्षेत्रों में महिलाएँ अपने पारंपरिक ज्ञान का उपयोग करते हुए जल संचयन, जैविक खेती, और वनों की रक्षा के कार्य करती हैं। वे प्राकृतिक संसाधनों का विवेकपूर्ण उपयोग करती हैं और उन्हें आने वाली पीढ़ियों के लिए संरक्षित रखती हैं। इस परंपरा का सबसे उज्ज्वल उदाहरण उत्तराखंड में चिपको आंदोलन के रूप में देखा जा सकता है। 1970 के दशक में इस आंदोलन में महिलाओं ने पेड़ों को गले लगाकर वनों की कटाई का विरोध किया। यह आंदोलन न केवल पर्यावरण संरक्षण का प्रतीक बना, बल्कि इसने महिलाओं की सामूहिक

शक्ति और पर्यावरण के प्रति उनकी गहरी प्रतिबद्धता को भी उजागर किया।

शहरी और ग्रामीण दोनों क्षेत्रों में महिलाएँ जल संरक्षण और कचरा प्रबंधन के माध्यम से पर्यावरण संरक्षण में अपनी भूमिका निभा रही हैं। वे घरों में पानी के विवेकपूर्ण उपयोग और वर्षा जल संग्रहण को प्रोत्साहित करती हैं। साथ ही, वे जैविक कचरे से खाद बनाने और पुनर्चक्रण की प्रक्रिया में सक्रिय भागीदारी निभाती हैं। कई नारियाँ स्वयं सहायता समूहों के माध्यम से पर्यावरणीय अभियानों में शामिल होती हैं। ये समूह वृक्षारोपण, जैविक खेती, और पारंपरिक बीजों के संरक्षण जैसे कार्यों को बढ़ावा देते हैं।

महिलाओं की पर्यावरणीय संवेदनशीलता और भविष्य की चिंता उनके कार्यों और दृष्टिकोण में स्पष्ट रूप से दिखाई देती है। नारी अपनी संतानों और आने वाली पीढ़ियों के लिए एक स्वच्छ और सुरक्षित पर्यावरण छोड़ने के लिए प्रतिबद्ध होती है। उनकी सामूहिक शक्ति जागरूकता और परिवर्तन लाने की प्रक्रिया को तेज करती है। वे स्थायी विकास के विचार को न केवल अपनाती हैं, बल्कि अपने दैनिक जीवन में भी इसे अमल में लाती हैं। उनका यह दृष्टिकोण पर्यावरण और मानव जीवन के बीच संतुलन बनाए रखने में सहायक होता है।

नारियों के प्रयासों के कई प्रेरक उदाहरण हमारे सामने हैं। राजस्थान की सुमित्रा देवी ने वृक्षारोपण और जैविक खेती के माध्यम से पर्यावरण संरक्षण में योगदान दिया। वंदना शिवा जैसी पर्यावरणविद ने जैव विविधता और पारंपरिक कृषि के संरक्षण के लिए वैश्विक स्तर पर काम किया। उनके कार्यों ने न केवल भारत, बल्कि पूरी दुनिया में पर्यावरण जागरूकता को बढ़ावा दिया। इसी तरह, माता अमृतानंदमयी ने अपने आश्रमों के माध्यम से लाखों वृक्ष लगाए और पर्यावरणीय समस्याओं पर ध्यान आकर्षित किया।

हालाँकि, नारियों को पर्यावरण संरक्षण के प्रयासों में कई चुनौतियों का सामना करना पड़ता है। आर्थिक निर्भरता, सामाजिक बंधन, और शिक्षा का अभाव उनके कार्यों को सीमित कर देता है। ग्रामीण क्षेत्रों में जागरूकता की कमी और संसाधनों का अभाव उनके प्रयासों में बाधा उत्पन्न करते हैं। इन समस्याओं के समाधान के लिए महिलाओं को शिक्षा और प्रशिक्षण के अधिक अवसर उपलब्ध कराए जाने चाहिए। उनकी आर्थिक स्थिति को सुधारने के लिए रोजगार और उद्यमिता के

अवसर बढ़ाए जाने चाहिए। सरकार और गैर-सरकारी संगठनों को पर्यावरणीय अभियानों में महिलाओं की भागीदारी को प्रोत्साहित करना चाहिए।

भविष्य की नारी पर्यावरण संरक्षण में और भी महत्वपूर्ण भूमिका निभाएगी। वह हरित प्रौद्योगिकी के उपयोग और पर्यावरणीय नेतृत्व के माध्यम से समाज और राष्ट्र को नई दिशा देगी। महिलाएँ अपने स्थानीय अनुभवों को वैश्विक मंच पर साझा करेंगी और पर्यावरणीय समस्याओं के समाधान में योगदान देंगी। उनकी संवेदनशीलता, सामूहिक प्रयास, और भविष्य के प्रति चिंता पर्यावरण संरक्षण और स्थायी विकास को प्रोत्साहित करेगी।

नारी और पर्यावरण संरक्षण का संबंध केवल स्वाभाविक नहीं है, बल्कि यह सामाजिक और राष्ट्रीय प्रगति के लिए भी आवश्यक है। नारियाँ अपने पारंपरिक ज्ञान, दूरदर्शिता, और सामूहिक शक्ति से पर्यावरणीय समस्याओं का समाधान देने में सक्षम हैं। उनके प्रयास और नेतृत्व यह सुनिश्चित करेंगे कि पृथ्वी आने वाली पीढ़ियों के लिए एक सुरक्षित और समृद्ध स्थान बनी रहे। नारी शक्ति ही पर्यावरण संरक्षण और सतत विकास की आधारशिला है। यह कहना अतिशयोक्ति नहीं होगी कि नारी के बिना पर्यावरण संरक्षण की कल्पना अधूरी है। नारियों का समर्पण और योगदान न केवल पर्यावरण को संरक्षित करता है, बल्कि समाज और राष्ट्र की समृद्धि और स्थिरता को भी सुनिश्चित करता है।

11

'यत्र नार्यस्तु पूज्यन्ते रमन्ते तत्रे देवता:'

"यत्र नार्यस्तु पूज्यन्ते रमन्ते तत्र देवता:" अर्थात् जहाँ नारियों का सम्मान होता है, वहाँ देवताओं का वास होता है। यह प्राचीन संस्कृत उक्ति केवल एक वाक्य नहीं, बल्कि भारतीय संस्कृति और समाज का एक महत्वपूर्ण सिद्धांत है। यह संदेश न केवल धार्मिक दृष्टिकोण से, बल्कि नैतिक, सामाजिक और आध्यात्मिक मूल्यों के आधार पर भी हमें यह समझाने की चेष्टा करता है कि नारी का स्थान समाज में कितना महत्वपूर्ण और अनिवार्य है।

भारतीय परंपराएँ सदैव नारी को 'शक्ति' का स्वरूप मानती आई हैं। नारी को केवल एक व्यक्ति के रूप में नहीं, बल्कि सृष्टि की आधारशिला के रूप में देखा गया है। वह परिवार की धुरी, समाज की संरक्षिका और राष्ट्र की प्रेरणा है। जब एक नारी का सम्मान होता है, तो वह सम्मान केवल उस व्यक्ति का नहीं, बल्कि पूरे समाज का उत्थान करता है। गीता, रामायण, वेद, और उपनिषदों जैसे धर्मग्रंथों में नारी की भूमिका को बार-बार उजागर किया गया है।

लेकिन यह भी सत्य है कि समय के साथ यह मूल भावना कई बार धूमिल होती गई। नारी, जो सम्मान और श्रद्धा की अधिकारी थी, उसे कई जगह उपेक्षा और असमानता का सामना करना पड़ा। परंतु नारी ने हर परिस्थिति में अपनी सहनशीलता, दृढ़ता, और संघर्ष से यह सिद्ध किया कि वह केवल सहारा देने वाली नहीं, बल्कि दिशा देने वाली भी है।

आधुनिक युग में, जब हम 'यत्र नार्यस्तु पूज्यन्ते रमन्ते तत्र देवता:' की भावना को पुनर्जीवित करने का प्रयास करते हैं, तो यह आवश्यक हो जाता है कि हम इसे केवल आदर्श वाक्य के रूप में न देखें। यह हमारे जीवन का हिस्सा बने। नारी का सम्मान केवल औपचारिकता तक सीमित न रहे, बल्कि वह समाज के हर पहलू में समाहित हो। जब नारी को शिक्षा, स्वतंत्रता, और समान अवसर प्रदान किए जाते हैं, तो वह अपने अद्वितीय गुणों से न केवल अपने परिवार, बल्कि पूरे समाज को उन्नति की ओर ले जाती है।

आज की नारी अपने अधिकारों को पहचान रही है। वह केवल घर तक सीमित नहीं है, बल्कि अपने कदम राजनीति, विज्ञान, कला, शिक्षा और हर उस क्षेत्र में बढ़ा रही है, जहाँ उसकी क्षमता को चुनौती दी गई थी। वह यह साबित कर रही है कि नारीत्व केवल कोमलता का प्रतीक नहीं, बल्कि असीम शक्ति और साहस का प्रतीक भी है।

"यत्र नार्यस्तु पूज्यन्ते रमन्ते तत्र देवता:" के आदर्श को अपनाकर हम न केवल नारियों के लिए, बल्कि पूरे समाज के लिए एक समृद्ध, शांतिपूर्ण और न्यायपूर्ण भविष्य का निर्माण कर सकते हैं। नारी के प्रति सम्मान हमारे मूल्यों की परीक्षा है। यही सम्मान हमें उन देवत्व की ओर ले जाता है, जो इस उक्ति में निहित है।

इस पुस्तक के माध्यम से यह आशा की जाती है कि हर पाठक इस विचार को अपने जीवन में उतारे और समाज को एक ऐसा स्वरूप प्रदान करे, जहाँ नारी को उसका सही स्थान मिले। क्योंकि जब नारी सशक्त और सम्मानित होती है, तभी समाज और राष्ट्र का उत्थान होता है। यही जीवन का सत्य है।

"वैदिक एवं पौराणिक काल की कुछ प्रमुख ऋषिकाएं"

12

गार्गी वाचक्नवी: वैदिक विदुषी और दार्शनिक

गार्गी वाचक्नवी वैदिक काल की एक महान ऋषिका थीं, जिनका नाम भारतीय इतिहास में महिलाओं की विद्वत्ता और दार्शनिकता का प्रतीक है। वे महान ऋषि वाचक्नव की पुत्री थीं और यजुर्वेद से संबंधित गहन ज्ञान में निपुण थीं। गार्गी को उपनिषदों में "ब्रह्मवादिनी" कहा गया है, जो यह दर्शाता है कि वे ब्रह्मविद्या और तत्वज्ञान में पारंगत थीं। वे अद्वैत वेदांत के सिद्धांतों और ब्रह्म के स्वरूप पर गहन चिंतन करती थीं। उनके विचार और तर्क आज भी भारतीय दर्शन की नींव को मजबूत करते हैं।

गार्गी का सबसे प्रसिद्ध उल्लेख बृहदारण्यक उपनिषद में मिलता है, जहाँ उन्होंने राजा जनक के दरबार में आयोजित विद्वत्सभा में भाग लिया। इस सभा में प्रमुख विद्वान और ऋषि उपस्थित थे, जिनमें महर्षि याज्ञवल्क्य प्रमुख थे। गार्गी ने याज्ञवल्क्य से ब्रह्म के स्वरूप पर गहन प्रश्न पूछे। उन्होंने ब्रह्मांड के रहस्यों, आत्मा और परमात्मा के संबंध, तथा तत्वज्ञान पर प्रश्नों की श्रृंखला प्रस्तुत की। उनके प्रश्न इतने गूढ़ और बौद्धिक थे कि सभा के कई पुरुष विद्वान भी चकित रह गए। याज्ञवल्क्य को भी गार्गी की विद्वत्ता और प्रश्नों की गहराई का सम्मान करना पड़ा।

गार्गी ने न केवल वैदिक युग में महिलाओं की बौद्धिक क्षमता को प्रमाणित किया, बल्कि यह भी दिखाया कि ज्ञान और तर्क का क्षेत्र केवल पुरुषों तक सीमित नहीं है।

उन्होंने महिलाओं के लिए ज्ञान और अध्ययन के मार्ग को प्रशस्त किया। उनका जीवन दार्शनिक जिज्ञासा, वैदिक ज्ञान और बौद्धिक स्वतंत्रता का प्रतीक है। गार्गी ने अपनी रचनाओं और उपदेशों के माध्यम से आत्मा, ब्रह्मांड और मोक्ष जैसे जटिल विषयों पर प्रकाश डाला।

• 46 •

वेदों और उपनिषदों में गार्गी का योगदान उनकी उच्च शिक्षा और गहन चिंतनशीलता को दर्शाता है। उन्होंने न केवल धार्मिक और दार्शनिक चर्चाओं में हिस्सा लिया, बल्कि समाज में महिलाओं की स्थिति को भी सुदृढ़ किया। उनके विचारों ने भारतीय दर्शन में अद्वैत वेदांत और ब्रह्मविद्या को समृद्ध किया। गार्गी वाचक्नवी का व्यक्तित्व वैदिक समाज में स्त्रियों की विद्वत्ता और स्वतंत्रता का प्रतीक है, और उनका जीवन आज भी प्रेरणा का स्रोत है।

13

शतरूपा: सृष्टि की प्रथम स्त्री और योग साधिका

शतरूपा को भारतीय वैदिक परंपरा में मानव जाति की प्रथम स्त्री के रूप में मान्यता प्राप्त है। वे ब्रह्मा जी द्वारा सृष्टि की रचना के लिए निर्मित हुईं और मानव जीवन की शुरुआत में महत्वपूर्ण भूमिका निभाई। उनका नाम "शतरूपा" इस तथ्य को दर्शाता है कि वे अनेक गुणों, रूपों और क्षमताओं की धनी थीं। पौराणिक ग्रंथों में वे आध्यात्मिक मार्गदर्शक और योग साधना में पारंगत मानी गई हैं।

शतरूपा ने ब्रह्मा जी से सृष्टि के गूढ़ रहस्यों को समझा और मानवता के विकास में महत्वपूर्ण योगदान दिया। उन्होंने यह शिक्षा दी कि मनुष्य का जीवन केवल भौतिकता तक सीमित नहीं है, बल्कि आत्मा और परमात्मा के संबंध को समझने की दिशा में प्रयास करना चाहिए। उनकी साधना और तपस्वी जीवन शैली ने उन्हें न केवल आदर्श पत्नी और माँ के रूप में प्रतिष्ठित किया, बल्कि एक आध्यात्मिक प्रेरणा भी बनाया।

पौराणिक कथाओं के अनुसार, शतरूपा ने अपने पति स्वायंभुव मनु के साथ संसार में धर्म और मर्यादा की स्थापना की। वे आदर्श गृहस्थ जीवन का प्रतीक थीं और उनकी शिक्षाएँ मानव जीवन के हर पहलू को प्रेरित करती हैं। योग और ध्यान में उनकी गहन रुचि ने यह सिद्ध किया कि वेदों और धर्मशास्त्रों में महिलाओं का स्थान केवल सहायक भूमिका तक सीमित नहीं था, बल्कि वे आत्मबोध और

आध्यात्मिकता के मार्ग पर अग्रसर हो सकती थीं।

शतरूपा का जीवन यह सिखाता है कि सृष्टि के निर्माण में केवल भौतिक पहलुओं का ही नहीं, बल्कि आध्यात्मिक और नैतिक मूल्यों का भी समान महत्व है। उन्होंने मानव जाति को कर्म, धर्म और आध्यात्मिक साधना का मार्ग दिखाया। उनका व्यक्तित्व भारतीय पौराणिक परंपरा में नारी शक्ति, सहनशीलता और ज्ञान का आदर्श रूप प्रस्तुत करता है।

14

कात्यायनी: शक्ति और धर्म की संरक्षिका

देवी कात्यायनी को वैदिक और पौराणिक परंपरा में शक्ति का प्रतीक माना गया है। उनका जन्म ऋषि कात्यायन के आश्रम में हुआ था, इसलिए वे कात्यायनी के नाम से प्रसिद्ध हुईं। देवी कात्यायनी का उल्लेख दुर्गा सप्तशती में प्रमुख रूप से किया गया है, जहाँ उन्हें महिषासुर मर्दिनी के रूप में दर्शाया गया है। उन्होंने महिषासुर जैसे असुरों का संहार कर धर्म और सत्य की स्थापना की।

पौराणिक कथाओं के अनुसार, देवी ने अपनी शक्ति, ज्ञान और पराक्रम से देवताओं को उनकी खोई हुई प्रतिष्ठा वापस दिलाई। महिषासुर के आतंक से मुक्त करने के लिए देवी ने अपनी असीम ऊर्जा से जन्म लिया और युद्ध में असुरों का नाश किया। उनका यह कार्य न केवल बुराई पर अच्छाई की विजय का प्रतीक है, बल्कि यह भी दर्शाता है कि नारी शक्ति हर चुनौती का सामना कर सकती है।

कात्यायनी देवी का उल्लेख वैदिक परंपरा में भी मिलता है। उन्हें नवदुर्गा के छठे रूप के रूप में पूजा जाता है। कात्यायनी को ज्ञान, साहस और शक्ति का संगम माना गया है। उनकी आराधना से भक्तों को भय से मुक्ति, आत्मबल और धर्म के मार्ग पर चलने की प्रेरणा मिलती है।

कात्यायनी केवल एक योद्धा देवी नहीं थीं; उन्होंने धर्म और संस्कृति के पुनर्निर्माण में भी योगदान दिया। उनकी पूजा विशेष रूप से नवरात्रि के छठे दिन

की जाती है। यह दिन उनके अनुयायियों को यह स्मरण कराता है कि जीवन में हर चुनौती का सामना धैर्य, साहस और सही मार्गदर्शन से किया जा सकता है।

देवी कात्यायनी का जीवन और उनका कार्य न केवल धर्म की रक्षा का प्रतीक है, बल्कि यह भी दर्शाता है कि महिलाओं में अपार शक्ति और सामर्थ्य है। वे भारतीय संस्कृति में नारीत्व और शक्ति का आदर्श रूप हैं। उनकी आराधना आज भी यह संदेश देती है कि सत्य और धर्म की स्थापना में हर व्यक्ति, विशेषकर महिलाओं का योगदान कितना महत्वपूर्ण है।

15

अरुंधति: वैदिक समाज की स्त्री आदर्श और ज्योतिषीय प्रतीक

अरुंधति वैदिक परंपरा में नारीत्व, समर्पण और विद्वत्ता का आदर्श प्रतीक मानी जाती हैं। वे महर्षि वशिष्ठ की पत्नी थीं और अपने पवित्र आचरण, त्याग और संतुलित जीवन के लिए विख्यात हैं। अरुंधति न केवल एक आदर्श गृहिणी थीं, बल्कि अपने ज्ञान, तप और चरित्र से उन्होंने वैदिक समाज में स्त्रियों के सम्मान को ऊँचाई दी।

पौराणिक मान्यताओं के अनुसार, अरुंधति और वशिष्ठ का दांपत्य जीवन समर्पण, स्नेह और समानता का उदाहरण था। यह जोड़ी केवल गृहस्थ जीवन की स्थापना तक सीमित नहीं रही, बल्कि आध्यात्मिक और नैतिक मूल्यों के प्रचार में भी महत्वपूर्ण भूमिका निभाई। अरुंधति की तपस्या और धार्मिकता ने उन्हें "सप्तर्षियों" के समान ऊँचा स्थान प्रदान किया।

ज्योतिष और खगोल विज्ञान में अरुंधति को विशिष्ट स्थान प्राप्त है। आकाश में वशिष्ठ और अरुंधति के रूप में दिखाई देने वाला तारा युगल यह दर्शाता है कि उनका संबंध इतना प्रबल था कि वे सृष्टि के नियमों का अनुसरण करते हुए भी एक-दूसरे के पूरक बने रहे। विवाह समारोह में अरुंधति तारा का दर्शन शुभ और पवित्र माना जाता है, जो यह प्रतीक है कि नवविवाहित जोड़े का संबंध भी वशिष्ठ

और अरुंधति के आदर्श के अनुरूप स्थिर और सामंजस्यपूर्ण हो।

अरुंधति का व्यक्तित्व केवल धार्मिकता तक सीमित नहीं था; वे तप और विद्या में भी निपुण थीं। उनका जीवन यह प्रेरणा देता है कि एक स्त्री अपने परिवार, समाज और अध्यात्म के क्षेत्र में समर्पण और संतुलन के साथ कैसे महत्वपूर्ण योगदान दे सकती है।

उनकी कथा और ज्योतिषीय महत्व वैदिक काल से लेकर आज तक भारतीय परंपरा में प्रासंगिक है। अरुंधति नक्षत्र और उनके आदर्श विवाह संबंध से जुड़े संस्कार यह सिखाते हैं कि जीवन में प्रेम, निष्ठा, और सह-अस्तित्व का महत्व कितना गहरा और स्थायी होता है। अरुंधति का जीवन भारतीय समाज में स्त्री शक्ति और धर्म का प्रतीक है।

16

विद्‌योत्तमा: विद्‌वत्ता और प्रेरणा की मूर्ति

विद्‌योत्तमा भारतीय पौराणिक परंपरा में एक विदुषी और तर्कशास्त्र में निपुण महिला के रूप में प्रसिद्ध हैं। उनका नाम बुद्धि, ज्ञान और वाकचातुर्य का प्रतीक है। विद्‌योत्तमा अपनी असाधारण विद्वता के लिए जानी जाती थीं और उनका विवाह महाकवि कालिदास से हुआ था, जो उनके जीवन की सबसे चर्चित घटना मानी जाती है।

कथाओं के अनुसार, विद्‌योत्तमा ने अपने ज्ञान और तर्क कौशल से अनेक विद्वानों को परास्त किया था। उनके अहंकार से आहत कुछ विद्वानों ने उनसे ऐसा विवाह कराने की ठानी जिससे उनकी विद्वता पर प्रश्नचिह्न लग सके। उन्होंने कालिदास को, जो उस समय अशिक्षित और साधारण जीवन व्यतीत कर रहे थे, विद्‌योत्तमा से विवाह के लिए प्रस्तुत किया। प्रारंभ में विद्‌योत्तमा को उनके अज्ञान का पता नहीं था, लेकिन जब सच्चाई सामने आई, तो वे व्यथित हुईं।

कालिदास ने अपनी पत्नी की विद्वता और असंतोष को अपनी प्रेरणा बना लिया। उन्होंने कठिन अध्ययन और साधना से वेद, शास्त्र और काव्य में निपुणता प्राप्त की और संस्कृत साहित्य के महानतम कवि बने। कालिदास की रचनाएँ, जैसे "अभिज्ञानशाकुंतलम्," "कुमारसंभवम्," और "मेघदूतम्," इस बात की साक्षी हैं कि विद्‌योत्तमा के मार्गदर्शन और प्रेरणा ने उन्हें महानता के शिखर तक पहुँचाया।

विद्योत्तमा का व्यक्तित्व यह संदेश देता है कि नारी शक्ति केवल प्रेरणा तक सीमित नहीं है, बल्कि वह समाज और जीवन में परिवर्तन लाने की क्षमता भी रखती है। उनका जीवन स्त्री शिक्षा, विद्वत्ता और आत्मसम्मान का प्रतीक है। विद्योत्तमा के योगदान से यह प्रमाणित होता है कि एक स्त्री के ज्ञान और मार्गदर्शन से समाज के स्तंभों को भी नया रूप दिया जा सकता है।

भारतीय संस्कृति में विद्योत्तमा की कथा यह सिखाती है कि स्त्री का स्थान केवल परिवार तक सीमित नहीं है; वह अपने ज्ञान और बुद्धिमत्ता से पुरुषों और समाज के विकास में महत्वपूर्ण भूमिका निभा सकती है। उनका जीवन आदर्श है कि आत्मसम्मान, धैर्य और ज्ञान से हर परिस्थिति को बदला जा सकता है।

17

सावित्री: नारी शक्ति और साहस का अद्वितीय उदाहरण

सावित्री का उल्लेख महाभारत के वन पर्व में सत्यवान की पत्नी के रूप में मिलता है। वे भारतीय पौराणिक परंपरा में नारी शक्ति, साहस और अटूट प्रेम का प्रतीक मानी जाती हैं। सावित्री की कथा उनके दृढ़ संकल्प और अपने पति के प्रति अटूट समर्पण की अमर गाथा है।

सावित्री का जन्म एक शक्तिशाली राजा अश्वपति की पुत्री के रूप में हुआ था। उनके अद्वितीय रूप, गुण और ज्ञान के कारण वे अलौकिक स्त्री मानी जाती थीं। उन्होंने अपनी योग्यता और बुद्धिमत्ता से सत्यवान को अपने पति के रूप में चुना, भले ही वह एक वनवासी राजकुमार थे और उनके जीवन में केवल एक वर्ष शेष था। उनके इस निर्णय को सभी ने चुनौती दी, लेकिन सावित्री ने अपने साहस और प्रेम के बल पर इसे स्वीकार किया।

जब सत्यवान की मृत्यु का समय आया, तो यमराज उनके प्राण लेने के लिए आए। सावित्री ने यमराज का पीछा किया और अपनी तर्क शक्ति, भक्ति और धैर्य से उन्हें प्रभावित किया। यमराज के साथ उनके संवाद भारतीय पौराणिक साहित्य में तर्क और नारी बुद्धिमत्ता का अद्वितीय उदाहरण हैं। अपनी बुद्धिमत्ता और अनवरत प्रयास से सावित्री ने न केवल अपने पति के प्राण वापस लिए, बल्कि

उनके जीवन को दीर्घायु और समृद्धि का वरदान भी दिलाया।

सावित्री की कथा यह दर्शाती है कि नारी शक्ति में असंभव को संभव बनाने की क्षमता है। उन्होंने अपने प्रेम और संकल्प से यह सिद्ध किया कि सच्चा साहस और विश्वास मृत्यु को भी पराजित कर सकता है। उनका जीवन भारतीय नारी के आदर्श रूप को दर्शाता है, जिसमें त्याग, समर्पण और अडिगता का समावेश है।

आज भी सावित्री व्रत के रूप में उनकी स्मृति को मनाया जाता है। यह पर्व नारी शक्ति, पति-पत्नी के अटूट बंधन, और धर्म की विजय का प्रतीक है। सावित्री का चरित्र यह प्रेरणा देता है कि दृढ़ निश्चय और निष्ठा से हर परिस्थिति को बदला जा सकता है। उनका जीवन भारतीय संस्कृति में नारी गरिमा और साहस का प्रतीक है।

18

द्रौपदी: धर्म, न्याय और नारी सम्मान का प्रतीक

द्रौपदी महाभारत की प्रमुख नायिका थीं और भारतीय पौराणिक कथाओं में नारी शक्ति, साहस और आत्मसम्मान का जीवंत उदाहरण मानी जाती हैं। वे राजा द्रुपद की पुत्री और पांचाल की राजकुमारी थीं। उनका जन्म अग्नि से हुआ था, इसलिए उन्हें अग्निसुता भी कहा जाता है। द्रौपदी का जीवन न केवल अद्वितीय साहस का प्रतीक है, बल्कि धर्म और न्याय के लिए लड़ाई का भी उदाहरण है।

द्रौपदी का विवाह पाँच पांडवों से हुआ, जो उस समय की सामाजिक परंपराओं से परे था। वे प्रत्येक पांडव के साथ समान निष्ठा और न्यायपूर्ण व्यवहार करती थीं। अपने कठिन जीवन में उन्होंने न केवल अपने परिवार को संगठित रखा, बल्कि उन्हें प्रेरित भी किया। उनके व्यक्तित्व में नारी शक्ति और बुद्धिमत्ता का अद्भुत संगम था।

द्रौपदी का सबसे प्रसिद्ध प्रसंग कौरव सभा में हुआ, जहाँ दुर्योधन और दुशासन ने उनका अपमान करने का प्रयास किया। उस समय, उन्होंने अपनी असाधारण धैर्य और भगवान कृष्ण की कृपा से अपनी गरिमा की रक्षा की। यह घटना न केवल उनके साहस का प्रतीक है, बल्कि यह भी दिखाती है कि नारी सम्मान समाज की प्राथमिकता होनी चाहिए।

उनके इस अपमान ने महाभारत के युद्ध की नींव रखी। उन्होंने न्याय के लिए संघर्ष किया और धर्म की स्थापना में महत्वपूर्ण भूमिका निभाई। द्रौपदी ने नारी अस्मिता को एक नई दिशा दी और यह संदेश दिया कि महिलाओं को किसी भी परिस्थिति में अपने अधिकारों और सम्मान के लिए खड़ा होना चाहिए।

द्रौपदी न केवल एक आदर्श पत्नी थीं, बल्कि एक कूटनीतिज्ञ और योद्धा भी थीं। उन्होंने धर्मराज युधिष्ठिर को प्रेरित किया और कौरवों के अन्याय के खिलाफ युद्ध की आवश्यकता को समझाया। उनका जीवन यह सिखाता है कि संघर्ष और कठिनाइयों के बावजूद आत्मसम्मान और साहस को बनाए रखना सबसे महत्वपूर्ण है।

भारतीय संस्कृति में द्रौपदी का स्थान नारी सम्मान, अधिकार और धैर्य के प्रतीक के रूप में सदैव अमिट रहेगा। उनका जीवन यह प्रेरणा देता है कि सत्य और न्याय के लिए खड़ा होना हर नारी का अधिकार और कर्तव्य है।

19

गंधर्वी: वैदिक संगीत और कला की धरोहर

गंधर्वी ऋग्वेद की एक प्रख्यात संगीतज्ञ और कवयित्री थीं, जिनका योगदान वैदिक युग में संगीत और कला के क्षेत्र में अद्वितीय है। उनके नाम से ही स्पष्ट होता है कि वे "गंधर्व" के गुणों की प्रतीक थीं, जो संगीत और कला के देवता माने जाते हैं। गंधर्वी ने अपने काव्य और संगीत रचनाओं के माध्यम से वैदिक परंपरा में सौंदर्य, रचनात्मकता और आध्यात्मिकता का समावेश किया।

गंधर्वी का संगीत केवल मनोरंजन का साधन नहीं था, बल्कि वह आत्मा को जागृत करने और ब्रह्मांडीय ऊर्जा के साथ जोड़ने का एक माध्यम भी था। उनके रचे हुए मंत्र और गीत ऋग्वेद के विभिन्न सूक्तों में मिलते हैं, जो जीवन के गूढ़ रहस्यों, प्रकृति की दिव्यता और मनुष्य के आध्यात्मिक विकास का वर्णन करते हैं। उनका संगीत वैदिक यज्ञों और अनुष्ठानों का महत्वपूर्ण हिस्सा था, जो देवताओं को प्रसन्न करने और मानव कल्याण के लिए किया जाता था।

गंधर्वी ने अपनी कला के माध्यम से वैदिक समाज में महिलाओं के लिए एक नई दिशा का निर्माण किया। उन्होंने यह सिद्ध किया कि महिलाएँ केवल परिवार और गृहस्थी तक सीमित नहीं हैं, बल्कि वे ज्ञान, कला और संस्कृति में भी समान रूप से योगदान दे सकती हैं।

उनकी संगीत साधना में प्रकृति के विभिन्न पहलुओं, जैसे नदियों का प्रवाह,

पंछियों का कलरव, और आकाश की दिव्यता का सुंदर वर्णन मिलता है। उनकी रचनाएँ केवल वैदिक समय तक सीमित नहीं रहीं, बल्कि उन्होंने भारतीय संगीत और साहित्य की परंपरा को गहराई से प्रभावित किया।

गंधर्वी का जीवन वैदिक काल में महिलाओं की सृजनात्मक क्षमता और सांस्कृतिक योगदान का अद्भुत उदाहरण है। उनकी रचनाओं ने यह प्रमाणित किया कि संगीत और काव्य केवल आध्यात्मिक उन्नति का साधन नहीं हैं, बल्कि वे समाज को एकजुट करने और उसे समृद्ध बनाने के साधन भी हैं। उनकी स्मृति भारतीय संस्कृति में नारीत्व और कला के आदर्श रूप को सदा जीवंत रखती है।

20

उषा: वैदिक युग की प्रकृति कवयित्री और ब्रह्मांडीय दिव्यता का प्रतीक

उषा ऋग्वेद की एक महान ऋषिका हैं, जिनका नाम स्वयं प्रकृति के दिव्य और आशावादी स्वरूप का प्रतिनिधित्व करता है। उनकी रचनाएँ ऋग्वेद के अनेक सूक्तों में संकलित हैं, जो उषा (प्रभात) के माध्यम से ब्रह्मांड की दिव्यता, जीवन की नई शुरुआत और सकारात्मकता का सुंदर वर्णन करती हैं।

उषा के मंत्रों में सुबह के सूर्योदय का चित्रण एक दार्शनिक और आध्यात्मिक दृष्टिकोण से किया गया है। उनके अनुसार, उषा केवल दिन की शुरुआत नहीं है, बल्कि यह ज्ञान, चेतना और सृजन का प्रतीक है। उन्होंने उषा को एक दिव्य स्त्री के रूप में चित्रित किया है, जो अंधकार को हटाकर प्रकाश लाती है और जीवन में नई ऊर्जा का संचार करती है।

उनकी रचनाओं में प्रकृति और ब्रह्मांड के बीच का संबंध स्पष्ट होता है। उषा ने अपने मंत्रों में यह संदेश दिया है कि प्रकृति के हर पहलू में ब्रह्मांड की अद्भुत शक्ति छिपी हुई है। उनका विश्वास था कि प्रभात न केवल बाहरी प्रकाश है, बल्कि आत्मा के आंतरिक अंधकार को भी मिटाने का माध्यम है।

उषा का दर्शन यह सिखाता है कि हर नया दिन एक नई शुरुआत है और अंधकार के बाद हमेशा प्रकाश आता है। उनकी कविताएँ न केवल प्राकृतिक सौंदर्य का वर्णन करती हैं, बल्कि यह भी दिखाती हैं कि जीवन के हर पहलू में सकारात्मकता और दिव्यता को खोजा जा सकता है।

ऋग्वेद में उषा को ब्रह्मांडीय संतुलन और जीवन की अनिवार्यता का प्रतीक माना गया है। उनके विचार और रचनाएँ वैदिक युग में महिलाओं की दार्शनिक और साहित्यिक क्षमता को दर्शाती हैं। उषा का जीवन और उनका योगदान यह प्रमाणित करता है कि महिलाओं ने वैदिक युग में ज्ञान और आध्यात्मिकता के क्षेत्र में एक विशेष स्थान बनाया। उनकी रचनाएँ आज भी प्रेरणा का स्रोत हैं और जीवन में नये सवेरे की ऊर्जा को जागृत करती हैं।

21

वीरा देवी: साहस, विद्वत्ता, और नेतृत्व का प्रतीक

वीरा देवी भारतीय पुराणों में एक महान योद्धा और विदुषी के रूप में उल्लेखित हैं। उनका जीवन साहस, ज्ञान, और नेतृत्व की एक मिसाल है। उन्होंने धर्म और सत्य की रक्षा के लिए असाधारण साहसिक कार्य किए और समाज को यह दिखाया कि महिलाएँ भी युद्ध, धर्म और नेतृत्व में समान भूमिका निभा सकती हैं।

वीरा देवी अपने समय की एक प्रखर नायिका थीं, जिन्होंने धार्मिक और सामाजिक मूल्यों की स्थापना के लिए संघर्ष किया। उनका जीवन केवल युद्ध कौशल तक सीमित नहीं था; वे एक विद्वान और रणनीतिकार भी थीं। उन्होंने न केवल शस्त्र विद्या में महारत हासिल की, बल्कि धर्मशास्त्र और दर्शन में भी गहरी समझ रखी। उनकी शिक्षा और बुद्धिमत्ता ने उन्हें एक आदर्श नेता बनाया।

उनकी सबसे प्रमुख उपलब्धियों में धर्म की रक्षा के लिए किए गए उनके साहसिक कार्य शामिल हैं। वे अन्याय के खिलाफ खड़ी हुईं और अपने नेतृत्व में धर्म और सत्य के मार्ग पर समाज को चलाया। उनके निर्णय और कार्य न केवल तत्कालीन समाज के लिए प्रासंगिक थे, बल्कि उन्होंने महिलाओं को सशक्त और स्वाभिमानी बनने की प्रेरणा दी।

पुराणों में वर्णित घटनाओं के अनुसार, वीरा देवी ने महिलाओं की क्षमताओं को सामाजिक बंधनों से मुक्त करने और उन्हें स्वाधीनता का महत्व सिखाने का कार्य किया। उन्होंने यह संदेश दिया कि नारी केवल परिवार तक सीमित नहीं है; वह समाज की संरक्षक और नेतृत्वकर्ता भी बन सकती है।

उनका जीवन यह प्रमाणित करता है कि सशक्त और शिक्षित महिला न केवल अपने परिवार और समाज की संरचना बदल सकती है, बल्कि धर्म और न्याय के लिए भी महत्वपूर्ण भूमिका निभा सकती है। उनकी शिक्षाएँ और कार्य आज भी नारी सशक्तिकरण और स्वाभिमान का आदर्श हैं।

वीरा देवी का व्यक्तित्व भारतीय इतिहास में महिलाओं की शक्ति, ज्ञान, और नेतृत्व क्षमता का प्रतीक है। उनकी कथा प्रेरित करती है कि हर नारी में असीम सामर्थ्य है, जो कठिन परिस्थितियों में समाज को सही दिशा प्रदान कर सकती है।

22

मैत्रेयी: आत्मज्ञान और वैदिक दर्शन की विदुषी

मैत्रेयी वैदिक काल की एक महान दार्शनिक और महर्षि याज्ञवल्क्य की पत्नी थीं। उनका नाम उपनिषदों में विशेष रूप से उल्लेखित है, जहाँ उन्होंने आत्मा, अमरत्व और ब्रह्म ज्ञान जैसे गूढ़ विषयों पर गहन प्रश्न पूछे और वैदिक समाज में ज्ञान और जिज्ञासा की परंपरा को आगे बढ़ाया। मैत्रेयी का जीवन वैदिक युग में महिलाओं की बौद्धिक और दार्शनिक क्षमता का जीवंत प्रमाण है।

बृहदारण्यक उपनिषद के अनुसार, जब महर्षि याज्ञवल्क्य संन्यास लेने का निश्चय करते हैं, तो वे अपनी संपत्ति अपनी दोनों पत्नियों—मैत्रेयी और कात्यायनी—में बांटने का प्रस्ताव करते हैं। इस पर मैत्रेयी उनसे एक अत्यंत गहन प्रश्न पूछती हैं: "क्या यह संपत्ति मुझे अमरत्व प्रदान करेगी?" याज्ञवल्क्य इस प्रश्न से प्रभावित होते हैं और उन्हें आत्मा और ब्रह्म के गूढ़ रहस्यों की शिक्षा देते हैं। इस संवाद को वैदिक साहित्य का एक महत्वपूर्ण हिस्सा माना जाता है।

मैत्रेयी ने इस चर्चा के दौरान यह समझाया कि धन और भौतिक संपत्ति से स्थायी सुख या अमरत्व प्राप्त नहीं किया जा सकता। उन्होंने यह भी स्पष्ट किया कि आत्मा को जानना ही सच्चे ज्ञान और मुक्ति का मार्ग है। उनके तर्क और ज्ञान ने यह सिद्ध किया कि महिलाओं को भी दार्शनिक और आध्यात्मिक ज्ञान प्राप्त करने का समान अधिकार है।

उनका जीवन यह संदेश देता है कि जीवन की सच्ची सार्थकता आत्मज्ञान में है, न कि केवल भौतिक सुखों में। मैत्रेयी की जिज्ञासा और ज्ञान ने न केवल याज्ञवल्क्य को प्रभावित किया, बल्कि वैदिक समाज में महिलाओं के बौद्धिक और आध्यात्मिक महत्व को भी स्थापित किया।

मैत्रेयी की कथा यह प्रमाणित करती है कि वैदिक युग में महिलाएँ केवल गृहस्थ जीवन तक सीमित नहीं थीं; वे ज्ञान, तर्क और दर्शन के उच्चतम स्तर पर पहुँची हुई थीं। उनका जीवन और संवाद भारतीय दर्शन और उपनिषदों की नींव को गहराई प्रदान करते हैं। आज भी मैत्रेयी नारी शक्ति, जिज्ञासा और आध्यात्मिक ज्ञान का प्रतीक मानी जाती हैं।

23

घोषा: ऋग्वेद की कवयित्री और नारी सशक्तिकरण की प्रतीक

घोषा ऋग्वेद की एक प्रसिद्ध कवयित्री थीं, जिनकी रचनाओं ने वैदिक साहित्य और आध्यात्मिकता में महिलाओं की सशक्त भूमिका को दर्शाया। वे अपने समय की विदुषी थीं, जिन्होंने स्वास्थ्य, समृद्धि और आध्यात्मिक उन्नति जैसे विषयों पर मंत्रों की रचना की। उनके जीवन और रचनाएँ यह प्रमाणित करती हैं कि वैदिक युग में महिलाएँ न केवल ज्ञान और दर्शन में पारंगत थीं, बल्कि सामाजिक और सांस्कृतिक विकास में भी महत्वपूर्ण योगदान दे रही थीं।

घोषा का सबसे प्रसिद्ध योगदान उनके दो सूक्त हैं, जो ऋग्वेद के दसवें मंडल में संग्रहीत हैं। इनमें से एक सूक्त स्वास्थ्य, दीर्घायु और समृद्धि के लिए प्रार्थना है, जबकि दूसरा आत्मा के गूढ़ रहस्यों और मानव जीवन की पूर्णता पर आधारित है। उनकी रचनाएँ केवल भौतिक जीवन तक सीमित नहीं थीं; उन्होंने आध्यात्मिक और मानसिक उन्नति के मार्ग भी सुझाए।

घोषा का जीवन व्यक्तिगत संघर्ष का भी प्रतीक है। पौराणिक कथाओं के अनुसार, वे कुष्ठ रोग से पीड़ित थीं, लेकिन अपनी साधना और तप से इस कठिनाई को पार कर उन्होंने जीवन को एक नई दिशा दी। उनकी यह यात्रा यह सिखाती है कि आत्मबल और आस्था से किसी भी चुनौती का सामना किया जा सकता है।

घोषा ने अपनी कविताओं में समृद्धि और स्वास्थ्य को केवल भौतिकता से नहीं जोड़ा, बल्कि उन्होंने इन्हें मानव जीवन के उच्च लक्ष्यों—धर्म, अर्थ, काम, और मोक्ष—की प्राप्ति का साधन माना। उनकी रचनाएँ न केवल उनके समय के समाज में, बल्कि आज भी मानव जीवन के लिए प्रेरणादायक हैं।

उनका जीवन और काव्य यह दर्शाता है कि महिलाओं ने वैदिक युग में साहित्य, दर्शन और समाज में समान अधिकार और योगदान दिया। घोषा ने यह प्रमाणित किया कि नारी केवल सहायक भूमिका तक सीमित नहीं है, बल्कि वह सृजन, नेतृत्व और प्रेरणा का स्रोत है। उनकी कथा आज भी यह प्रेरणा देती है कि ज्ञान और आत्मविश्वास से हर बाधा को पार किया जा सकता है।

24

अपाला: प्रकृति और स्वास्थ्य की ऋग्वेदीय कवयित्री

अपाला ऋग्वेद की एक महान कवयित्री थीं, जिनकी रचनाएँ प्रकृति, स्वास्थ्य और समृद्धि जैसे महत्वपूर्ण विषयों पर केंद्रित हैं। उनका जीवन और काव्य यह दर्शाता है कि वैदिक युग में महिलाएँ न केवल ज्ञान और आध्यात्मिकता में निपुण थीं, बल्कि उन्होंने साहित्य और संस्कृति को समृद्ध करने में भी महत्वपूर्ण भूमिका निभाई।

अपाला का उल्लेख विशेष रूप से ऋग्वेद के आठवें मंडल में मिलता है। उनकी कविताएँ जीवन के विभिन्न पहलुओं, विशेषकर स्वास्थ्य और चिकित्सा, पर केंद्रित हैं। उन्होंने सोम रस के औषधीय गुणों का वर्णन करते हुए इसे शारीरिक और मानसिक शुद्धि का माध्यम बताया। अपाला ने सोम रस को देवताओं को अर्पित करने की प्रक्रिया और इसके प्रभावों को सुंदरता और गहराई से व्यक्त किया। उनकी कविताएँ यह दिखाती हैं कि वैदिक काल में महिलाएँ न केवल धार्मिक अनुष्ठानों में भाग लेती थीं, बल्कि चिकित्सा और स्वास्थ्य के विषयों में भी योगदान देती थीं।

अपाला का जीवन संघर्ष और आत्मबल का प्रतीक है। कथाओं के अनुसार, वे एक गंभीर त्वचा रोग से पीड़ित थीं। अपनी साधना और तपस्या से उन्होंने न केवल

अपनी बीमारी का उपचार किया, बल्कि यह भी सिद्ध किया कि आत्मविश्वास और भक्ति से हर कठिनाई को पार किया जा सकता है।

अपाला ने अपने मंत्रों में प्रकृति के सौंदर्य और उसके जीवनदायिनी गुणों का अद्भुत चित्रण किया। उन्होंने यह संदेश दिया कि मानव जीवन का स्वास्थ्य और समृद्धि प्रकृति के साथ संतुलन पर निर्भर करता है। उनकी रचनाएँ आध्यात्मिकता और भौतिकता के बीच सामंजस्य स्थापित करती हैं और मानव जीवन को बेहतर बनाने के लिए प्रकृति के महत्व को रेखांकित करती हैं।

अपाला का काव्य यह प्रमाणित करता है कि वैदिक युग में महिलाएँ न केवल सहायक भूमिका निभा रही थीं, बल्कि समाज, संस्कृति और ज्ञान के निर्माण में भी अग्रणी थीं। उनकी रचनाएँ नारी सृजनात्मकता, आत्मबल, और प्रेरणा का प्रतीक हैं। आज भी उनका जीवन यह सिखाता है कि संघर्ष के बीच भी व्यक्ति अपने ज्ञान और रचनात्मकता से समाज को समृद्ध कर सकता है।

25

लोपामुद्रा: विद्वत्ता और आध्यात्मिकता की ऋषिका

लोपामुद्रा महर्षि अगस्त्य की पत्नी और ऋग्वेद की एक प्रख्यात ऋषिका थीं। उनका जीवन वैदिक युग में महिलाओं की विद्वत्ता, आध्यात्मिकता और दार्शनिक क्षमता का प्रतीक है। उनकी रचनाओं ने यह सिद्ध किया कि महिलाओं ने वैदिक काल में धर्म, साहित्य और ज्ञान के क्षेत्र में समान रूप से योगदान दिया।

लोपामुद्रा का उल्लेख ऋग्वेद में मिलता है, जहाँ उन्होंने अपने पति महर्षि अगस्त्य के साथ ज्ञान और आध्यात्मिकता पर संवाद किया। उन्होंने ऋग्वेद के कई मंत्रों की रचना की, जो मनुष्य के जीवन में संतुलन, शांति और समृद्धि पर केंद्रित हैं। उनकी रचनाएँ विशेष रूप से गृहस्थ जीवन में भौतिक और आध्यात्मिक मूल्यों के सामंजस्य का संदेश देती हैं।

महर्षि अगस्त्य और लोपामुद्रा के बीच का संवाद भारतीय दर्शन और साहित्य में विशेष महत्व रखता है। यह संवाद न केवल दांपत्य जीवन के आदर्श स्वरूप को प्रस्तुत करता है, बल्कि यह भी दर्शाता है कि वैदिक युग में महिलाएँ दार्शनिक चर्चाओं और आध्यात्मिक अन्वेषण में सक्रिय भूमिका निभा रही थीं। लोपामुद्रा ने गृहस्थ धर्म को केवल कर्तव्यों तक सीमित नहीं रखा, बल्कि इसे ज्ञान और आत्मिक उन्नति का साधन बनाया।

उनकी सबसे प्रसिद्ध प्रार्थनाओं में गृहस्थ जीवन में सुख-शांति और उन्नति के लिए की गई प्रार्थनाएँ शामिल हैं। उन्होंने अपने मंत्रों में धर्म, कर्म, और अध्यात्म के महत्व को रेखांकित किया। उनकी रचनाएँ इस बात का प्रमाण हैं कि वैदिक काल में महिलाएँ साहित्य, दर्शन और अध्यात्म के उच्चतम स्तर तक पहुँची हुई थीं।

लोपामुद्रा का जीवन यह सिखाता है कि नारी केवल परिवार तक सीमित नहीं है; वह ज्ञान, सृजन और समाज के मार्गदर्शन में समान रूप से सक्षम है। उनकी विद्वता और आध्यात्मिकता यह दर्शाती है कि नारी में केवल सहनशीलता और त्याग नहीं, बल्कि ज्ञान और नेतृत्व का भी अद्भुत सामर्थ्य है।

आज भी लोपामुद्रा भारतीय संस्कृति में विद्वता और आदर्श दांपत्य जीवन का प्रतीक मानी जाती हैं। उनकी रचनाएँ और उनका जीवन यह प्रेरणा देता है कि ज्ञान और आध्यात्मिकता के माध्यम से व्यक्ति अपने और समाज के जीवन को समृद्ध कर सकता है।

26

अनसूया: निष्ठा, त्याग, और शक्ति की प्रतीक

अनसूया, महर्षि अत्रि की पत्नी, भारतीय पौराणिक परंपरा में नारी धर्म, त्याग, और निष्ठा का आदर्श रूप मानी जाती हैं। उनका नाम उनकी "अनसूया" (जिसमें किसी के प्रति ईर्ष्या या द्वेष न हो) गुण के कारण पड़ा। वे अपनी पवित्रता, तपस्या और दानशीलता के लिए विख्यात हैं और त्रिदेवों (ब्रह्मा, विष्णु, महेश) द्वारा भी पूजनीय मानी जाती हैं।

अनसूया का जीवन त्याग और तप का अद्भुत उदाहरण है। उन्होंने अपने पति ऋषि अत्रि के साथ वन में कठिन तपस्या करते हुए धर्म और सत्य की रक्षा की। उनकी निष्ठा इतनी अद्वितीय थी कि एक बार त्रिदेवों ने उनकी परीक्षा लेने के लिए ब्राह्मण रूप में उनसे भिक्षा माँगी और असंभव शर्त रखी। अनसूया ने अपनी पवित्रता और तप के बल पर उनकी परीक्षा उत्तीर्ण की, और त्रिदेव बालक रूप में उनके समक्ष प्रकट हुए। यह घटना उनके अद्वितीय आध्यात्मिक सामर्थ्य और नैतिक शक्ति को दर्शाती है।

अनसूया का उल्लेख रामायण में भी मिलता है, जहाँ उन्होंने सीता को पतिव्रता धर्म का महत्व और शक्ति समझाई। उन्होंने सीता को यह सिखाया कि नारी का आत्मबल और निष्ठा संसार की सबसे बड़ी शक्ति है। उनके आशीर्वाद और मार्गदर्शन ने सीता को कठिन परिस्थितियों में भी धैर्य बनाए रखने की प्रेरणा दी।

उनकी दानशीलता और करूणा भी उतनी ही प्रसिद्ध हैं। कहा जाता है कि उन्होंने तपस्या के फलस्वरूप दुष्काल को समाप्त कर पृथ्वी पर सुख-समृद्धि लौटाई। उनका जीवन समाज के प्रति निःस्वार्थ सेवा और परोपकार का प्रतीक है।

अनसूया का व्यक्तित्व भारतीय संस्कृति में महिलाओं की शक्ति और बलिदान का प्रतीक है। उनकी कथा यह सिखाती है कि निष्ठा, तपस्या और त्याग से हर कठिनाई को पार किया जा सकता है। वे भारतीय परंपरा में नारी गरिमा और अध्यात्म का आदर्श प्रस्तुत करती हैं। उनका जीवन यह संदेश देता है कि नारी के भीतर न केवल परिवार और समाज को संभालने की क्षमता है, बल्कि वह धर्म और सत्य की रक्षा के लिए भी हर संभव बलिदान कर सकती है।

27

सुलभा: आत्मिक स्वतंत्रता और समानता की प्रवर्तक

सुलभा वैदिक और पौराणिक परंपरा की एक महान दार्शनिक और आध्यात्मिक संन्यासिनी थीं। वे ज्ञान, तर्क और आत्मिक स्वतंत्रता की प्रतीक मानी जाती हैं। उनका सबसे प्रसिद्ध उल्लेख महाभारत में मिलता है, जहाँ उन्होंने राजा जनक के साथ गहन दार्शनिक संवाद किया। सुलभा का जीवन यह सिद्ध करता है कि नारी केवल गृहस्थ जीवन तक सीमित नहीं है, बल्कि वह ज्ञान, दर्शन और आध्यात्मिकता में भी समान रूप से योगदान दे सकती है।

सुलभा ने आत्मा की स्वतंत्रता और सामाजिक समानता के गूढ़ विषयों पर अपने विचार प्रस्तुत किए। उन्होंने राजा जनक से संवाद के माध्यम से स्पष्ट किया कि आत्मा के स्तर पर सभी मनुष्य समान हैं और उनकी पहचान बाहरी भौतिकताओं या सामाजिक सीमाओं से नहीं होती। उनका दर्शन यह संदेश देता है कि आत्मिक स्वतंत्रता ही जीवन का सर्वोच्च उद्देश्य है और यह स्त्री-पुरुष दोनों के लिए समान रूप से प्राप्त करने योग्य है।

सुलभा ने अपने विचारों और जीवन शैली के माध्यम से यह दिखाया कि एक स्त्री के लिए संन्यास या आध्यात्मिक मार्ग पर चलना समाज में पूरी तरह स्वीकार्य है। उन्होंने यह भी सिखाया कि आत्मज्ञान किसी वर्ग, लिंग या सामाजिक स्थिति का

मोहताज नहीं है। उनका संवाद तर्क और ज्ञान की गहराई को दर्शाता है, जिसमें उन्होंने दर्शन और धर्म के कई गूढ़ रहस्यों को उजागर किया।

सुलभा का जीवन महिलाओं के दार्शनिक योगदान और आध्यात्मिक स्वतंत्रता का आदर्श उदाहरण है। उन्होंने यह सिद्ध किया कि एक स्त्री अपनी बौद्धिक और आध्यात्मिक क्षमताओं का उपयोग समाज को दिशा देने और अपनी स्वतंत्रता को परिभाषित करने में कर सकती है।

उनकी कथा यह प्रेरणा देती है कि स्त्रियाँ न केवल परिवार और समाज की नींव हैं, बल्कि वे दार्शनिक और आध्यात्मिक क्षेत्र में भी अग्रणी भूमिका निभा सकती हैं। सुलभा का जीवन भारतीय परंपरा में नारी सशक्तिकरण और समानता के सिद्धांतों का प्रतीक है। उनका दर्शन और उनका योगदान सदियों से नारी गरिमा और स्वतंत्रता के लिए प्रेरणादायक रहा है।

28

पद्मावती देवी: भारतीय दर्शन और त्याग की प्रेरणा

पद्मावती देवी भारतीय पौराणिक और दार्शनिक परंपरा में एक आदर्श नारी के रूप में जानी जाती हैं। उन्हें आदि शंकराचार्य की पत्नी के रूप में संदर्भित किया जाता है, हालांकि ऐतिहासिक दृष्टि से यह संबंध एक प्रतीकात्मक रूप में अधिक प्रसिद्ध है। उनके त्याग, ज्ञान और भारतीय संस्कृति के प्रति उनके योगदान ने उन्हें एक महत्वपूर्ण स्थान दिया है।

पद्मावती देवी का जीवन त्याग और सेवा का प्रतीक है। यह माना जाता है कि वे एक विदुषी थीं और उन्होंने भारतीय दर्शन के प्रचार और प्रसार में परोक्ष रूप से योगदान दिया। उनके विचार और कर्म यह दर्शाते हैं कि एक नारी परिवार और समाज दोनों के लिए समान रूप से प्रेरणा का स्रोत हो सकती है।

पौराणिक कथाओं के अनुसार, आदि शंकराचार्य अपने ब्रह्मचर्य व्रत और अद्वैत वेदांत के प्रचार के लिए समर्पित थे। पद्मावती देवी ने अपने त्याग और निस्वार्थ प्रेम से उनके मार्ग को सुगम बनाया। यह संबंध एक प्रतीक है जो यह दर्शाता है कि ज्ञान के मार्ग पर चलने वाले साधकों के जीवन में नारी का समर्थन और प्रेरणा कितनी महत्वपूर्ण होती है।

पद्मावती देवी ने भारतीय संस्कृति को यह संदेश दिया कि त्याग, सेवा, और ज्ञान का समन्वय मानव जीवन को सार्थक बनाता है। उनका जीवन यह सिखाता है कि एक स्त्री केवल गृहस्थ जीवन की धुरी नहीं है, बल्कि वह समाज और दर्शन के विकास में भी महत्वपूर्ण भूमिका निभा सकती है।

उनका त्याग और समर्पण भारतीय परंपरा में नारी गरिमा और सशक्तिकरण का प्रतीक है। पद्मावती देवी की कथा यह प्रेरणा देती है कि महिलाएँ अपने ज्ञान, त्याग और कर्तव्य से भारतीय संस्कृति और समाज को सशक्त बना सकती हैं। उनके आदर्श और शिक्षाएँ भारतीय दर्शन और सांस्कृतिक मूल्यों का हिस्सा बनी हुई हैं।

29

राज्यश्री: बौद्ध धर्म और सांस्कृतिक समरसता की प्रेरणा

राज्यश्री, राजा हर्षवर्धन की बहन, भारतीय इतिहास में बौद्ध धर्म के प्रचार-प्रसार और सामाजिक समरसता को बढ़ावा देने के लिए प्रसिद्ध हैं। उनका जीवन करुणा, त्याग और धार्मिक सौहार्द का प्रतीक है। उन्होंने न केवल बौद्ध धर्म के मूल सिद्धांतों को अपनाया, बल्कि अपने समय में इसे समाज के विभिन्न वर्गों तक पहुँचाने में महत्वपूर्ण भूमिका निभाई।

राज्यश्री का जीवन विपत्तियों और चुनौतियों से भरा था। उनके पिता की हत्या और परिवार पर आए संकटों के बावजूद उन्होंने धैर्य और संयम का परिचय दिया। अपने भाई हर्षवर्धन के साथ, उन्होंने शासन के माध्यम से धर्म और संस्कृति को एक नई दिशा दी। राज्यश्री ने बौद्ध धर्म के प्रति गहरी आस्था प्रकट की और इसे समाज में नैतिकता और करुणा के माध्यम से फैलाने का कार्य किया।

उनका योगदान केवल धर्म तक सीमित नहीं था। उन्होंने शिक्षा, साहित्य और कला के क्षेत्र में भी बौद्ध संस्कृति का प्रचार किया। बौद्ध विहारों और मठों की स्थापना में उनकी भागीदारी उल्लेखनीय थी। ये संस्थाएँ न केवल धर्म का केंद्र थीं, बल्कि समाज के विभिन्न वर्गों के लिए शिक्षा और सांस्कृतिक समरसता के प्रतीक भी थीं।

राज्यश्री ने महिलाओं के अधिकारों और उनके सशक्तिकरण पर भी जोर दिया। उन्होंने यह दिखाया कि एक महिला न केवल परिवार की धुरी हो सकती है, बल्कि धर्म, समाज और शासन में भी अपनी भूमिका प्रभावशाली तरीके से निभा सकती है।

उनके प्रयासों ने सामाजिक भेदभाव को कम किया और धर्म के माध्यम से एकता और शांति का संदेश फैलाया। उनके जीवन से यह प्रेरणा मिलती है कि सच्ची धार्मिकता करुणा और सेवा में निहित है।

राज्यश्री का योगदान भारतीय इतिहास में एक स्त्री के साहस, धर्मनिष्ठा और सामाजिक सेवा का उत्कृष्ट उदाहरण है। उनका जीवन आज भी यह संदेश देता है कि महिलाएँ समाज और धर्म की दिशा बदलने में कितनी महत्वपूर्ण भूमिका निभा सकती हैं।

30

शांभवी: वैदिक युग की शिक्षिका और आध्यात्मिक मार्गदर्शिका

शांभवी ब्रह्दारण्यक उपनिषद में उल्लिखित एक प्रख्यात शिक्षिका और आध्यात्मिक मार्गदर्शिका थीं। उनका जीवन वैदिक युग में महिलाओं की विद्वता और शिक्षण क्षमता का प्रतीक है। उन्होंने शिक्षा और अध्यात्म के क्षेत्र में महिलाओं के लिए एक आदर्श स्थापित किया, जहाँ वे पुरुषों के समान ज्ञान और गुरु-धर्म निभाने में सक्षम थीं।

शांभवी वैदिक गुरुकुल परंपरा में एक महत्वपूर्ण स्थान रखती हैं। उन्होंने न केवल अपने शिष्यों को शिक्षा दी, बल्कि जीवन के गूढ़ रहस्यों, आत्मा, ब्रह्म और धर्म के विषय में गहन ज्ञान भी प्रदान किया। वे उन महिलाओं में से थीं, जिन्होंने गुरु के रूप में अपनी भूमिका को केवल शिक्षा तक सीमित नहीं रखा, बल्कि समाज को भी आध्यात्मिक मार्ग दिखाया।

उनकी शिक्षाओं का उद्देश्य केवल विद्या का विस्तार नहीं था, बल्कि आत्मा के परमात्मा से संबंध को समझना और मोक्ष का मार्ग प्रशस्त करना था। उन्होंने ब्रह्म विद्या और योग के माध्यम से यह सिखाया कि आध्यात्मिकता में सभी के लिए समान अधिकार है, चाहे वे स्त्री हों या पुरुष।

शांभवी का जीवन वैदिक समाज में महिलाओं के उच्च स्थान और उनकी दार्शनिक भूमिका का प्रमाण है। उन्होंने यह दिखाया कि शिक्षा और अध्यात्म का क्षेत्र किसी लिंग-भेद से परे है। उनकी गुरुकुल परंपरा में महिला शिष्य भी शामिल थीं, जो यह दर्शाता है कि वे महिलाओं के सशक्तिकरण की विचारधारा को आगे बढ़ाने में सक्रिय थीं।

उनकी कथा से यह स्पष्ट होता है कि वैदिक युग में नारी केवल परिवार तक सीमित नहीं थी, बल्कि समाज के निर्माण और ज्ञान के प्रचार में भी समान रूप से सक्रिय थी। शांभवी की शिक्षाएँ और उनका जीवन यह संदेश देते हैं कि ज्ञान और अध्यात्म में सभी को समान अवसर मिलने चाहिए।

शांभवी का व्यक्तित्व भारतीय दर्शन और शिक्षा परंपरा में महिलाओं के योगदान का उज्ज्वल उदाहरण है। उनका जीवन यह प्रेरणा देता है कि आत्मज्ञान, शिक्षा, और सेवा के माध्यम से व्यक्ति समाज को समृद्ध कर सकता है। उनकी स्मृति नारी सशक्तिकरण और वैदिक शिक्षा में समानता की दिशा में एक आदर्श बनी हुई है।

31

शैव्या (सत्यवती): तप, त्याग और धर्म की प्रतीक

शैव्या, जिन्हें सत्यवती के नाम से भी जाना जाता है, भारतीय पौराणिक कथाओं और धर्मग्रंथों में एक तपस्विनी और त्याग की मूर्ति के रूप में विख्यात हैं। उनका जीवन धर्म, सत्य और आध्यात्मिक साधना का प्रतीक है। उनका उल्लेख ऋषि-मुनियों के साथ संवाद और धार्मिक अनुष्ठानों में मिलता है, जहाँ वे अपनी ज्ञानवर्धक चर्चा और तप से समाज को प्रेरित करती थीं।

सत्यवती का जीवन त्याग और तपस्या का अद्भुत उदाहरण है। उनकी तपस्या इतनी प्रभावशाली थी कि उन्होंने अपनी साधना और आत्मबल से अनेक संकटों का समाधान किया। वे केवल धार्मिक अनुष्ठानों में ही नहीं, बल्कि सामाजिक और नैतिक मूल्यों की स्थापना में भी महत्वपूर्ण भूमिका निभाती थीं।

सत्यवती ने अपने जीवन में धर्म की उच्चतम मर्यादाओं का पालन किया और अपनी तपस्या से यह दिखाया कि नारी के भीतर असीम सामर्थ्य होता है। उनका योगदान केवल परिवार तक सीमित नहीं था; वे समाज के धार्मिक और आध्यात्मिक मार्गदर्शन में भी सक्रिय थीं।

उनके संवाद ऋषि-मुनियों के साथ केवल धार्मिक विषयों तक सीमित नहीं थे। उन्होंने मानव जीवन के नैतिक और सामाजिक पहलुओं पर भी गहराई से चर्चा की। उनकी विद्वत्ता और त्याग ने उन्हें वैदिक और पौराणिक परंपरा में एक आदर्श नारी के रूप में प्रतिष्ठित किया।

सत्यवती का जीवन भारतीय समाज में नारी शक्ति, तप और सेवा का प्रतीक है। उन्होंने यह संदेश दिया कि एक महिला अपने आत्मबल और ज्ञान से समाज को सही दिशा प्रदान कर सकती है। उनकी कथा यह प्रेरणा देती है कि धर्म और सत्य की रक्षा के लिए नारी की भूमिका अत्यंत महत्वपूर्ण है।

शैव्या (सत्यवती) की स्मृति भारतीय संस्कृति में नारी गरिमा और आध्यात्मिकता की अमर धरोहर है। उनका जीवन यह सिखाता है कि त्याग, तप और सेवा से न केवल आत्मा की उन्नति संभव है, बल्कि समाज को भी समृद्ध और सशक्त बनाया जा सकता है।

"आधुनिक युग की प्रमुख वीरांगनाएं और उनका संक्षिप्त परिचय"

32

रानी लक्ष्मीबाई (झांसी की रानी)

रानी लक्ष्मीबाई भारतीय स्वतंत्रता संग्राम की सबसे प्रभावशाली और वीर महिलाओं में से एक थीं। झांसी की रानी ने 1857 के प्रथम स्वतंत्रता संग्राम में अंग्रेजों के खिलाफ संघर्ष किया और अपनी मातृभूमि की रक्षा के लिए अद्वितीय साहस दिखाया। तलवारबाजी, घुड़सवारी और युद्ध कौशल में निपुण लक्ष्मीबाई ने अपने छोटे पुत्र को पीठ पर बांधकर युद्ध में भाग लिया।

उन्होंने यह सिद्ध किया कि महिलाएँ केवल परिवार तक सीमित नहीं हैं, बल्कि देश की स्वतंत्रता के लिए अपने प्राण भी न्योछावर कर सकती हैं। उनका जीवन हर भारतीय के लिए प्रेरणास्रोत है, जो सिखाता है कि कठिन परिस्थितियों में भी साहस और धैर्य बनाए रखना चाहिए।

रानी लक्ष्मीबाई ने "मैं अपनी झांसी नहीं दूंगी" कहकर अपनी मातृभूमि के प्रति अदम्य प्रेम और निष्ठा का परिचय दिया। उन्होंने नारी सशक्तिकरण का एक ऐसा उदाहरण प्रस्तुत किया, जो युगों-युगों तक याद किया जाएगा। रानी का आत्मबल और रणनीतिक कौशल आज भी हमें कठिनाइयों का डटकर सामना करने की प्रेरणा देता है।

उनकी वीरता और बलिदान न केवल इतिहास के पन्नों में अमर है, बल्कि वह भारतीय संस्कृति और स्वतंत्रता संग्राम का अभिन्न हिस्सा भी है। उनका संघर्ष

हमें यह सिखाता है कि सच्चा नेतृत्व केवल शब्दों से नहीं, बल्कि कर्मों से प्रदर्शित होता है।

रानी लक्ष्मीबाई ने हर महिला को यह विश्वास दिलाया कि वह चाहे तो असंभव को भी संभव बना सकती है। उनका जीवन हमें अपने लक्ष्य के प्रति अडिग रहने और न्याय के लिए लड़ने की प्रेरणा देता है।

33

सरोजिनी नायडू

सरोजिनी नायडू, जिन्हें "भारत कोकिला" के नाम से जाना जाता है, भारतीय स्वतंत्रता आंदोलन की एक प्रमुख नेता और कवयित्री थीं। उन्होंने महात्मा गांधी के साथ असहयोग आंदोलन में भाग लिया और भारतीय महिलाओं को राष्ट्रीय आंदोलन में जोड़ने का कार्य किया। सरोजिनी नायडू स्वतंत्र भारत की पहली महिला गवर्नर बनीं। उनकी प्रेरणादायक कविताएँ और राजनीतिक योगदान महिलाओं के सशक्तिकरण का प्रतीक हैं। उनकी कविताओं में न केवल भारतीय संस्कृति और प्रकृति का चित्रण होता है, बल्कि उनमें सामाजिक चेतना और स्वतंत्रता की भावना भी झलकती है। वे भारतीय राष्ट्रीय कांग्रेस की अध्यक्ष बनने वाली पहली भारतीय महिला थीं, जिसने भारतीय राजनीति में महिलाओं की भूमिका को एक नई दिशा दी। सरोजिनी नायडू ने न केवल स्वतंत्रता संग्राम में भाग लिया, बल्कि महिलाओं के अधिकारों और शिक्षा के लिए भी कार्य किया।

उनका जीवन प्रेरणा देता है कि समाज में बदलाव लाने के लिए आत्मविश्वास और दृढ़ता कितनी महत्वपूर्ण है। वे हमेशा मानती थीं कि महिलाएँ केवल परिवार तक सीमित नहीं हैं, बल्कि वे देश और समाज के निर्माण में भी महत्वपूर्ण भूमिका निभा सकती हैं। उनकी वाणी और कृतित्व आज भी हमें सामाजिक न्याय, समानता और आत्मनिर्भरता की राह पर चलने के लिए प्रेरित करते हैं। सरोजिनी नायडू का जीवन भारतीय नारी के अदम्य साहस और उनकी असीम क्षमताओं का प्रतीक है।

34

दुर्गा भाभी

दुर्गा भाभी (दुर्गावती देवी) भारतीय स्वतंत्रता संग्राम की एक साहसी क्रांतिकारी थीं। उन्होंने भगत सिंह और चंद्रशेखर आजाद के साथ मिलकर कई क्रांतिकारी गतिविधियों में भाग लिया।

लाहौर षड्यंत्र केस के दौरान दुर्गा भाभी ने भगत सिंह के साथ अंग्रेजों को चकमा देने के लिए साहसिक कार्य किया। उनका जीवन संघर्ष और साहस का प्रतीक है।

दुर्गा भाभी का असली नाम दुर्गावती देवी था। वे हिंदुस्तान सोशलिस्ट रिपब्लिकन एसोसिएशन (HSRA) की सक्रिय सदस्य थीं और उन्होंने क्रांतिकारी आंदोलन में महिलाओं की भागीदारी को बढ़ावा दिया।

उन्होंने केवल हथियारों और रणनीतियों में ही नहीं, बल्कि अंग्रेजों के खिलाफ जागरूकता फैलाने और आंदोलन को मजबूती देने में भी महत्वपूर्ण भूमिका निभाई।

एक घटना में, दुर्गा भाभी ने भगत सिंह को पुलिस की निगाहों से बचाने के लिए एक विवाहित दंपति का रूप धारण किया, जिससे वे सुरक्षित निकल सके। इस घटना ने उनकी साहस और कुशलता को साबित किया।

आज़ादी के लिए उनका समर्पण और बलिदान भारतीय स्वतंत्रता संग्राम का एक प्रेरणादायक अध्याय है।

दुर्गा भाभी का जीवन हमें सिखाता है कि महिलाओं ने भी आजादी की लड़ाई में निडरता और दृढ़ता से हिस्सा लिया। उनकी भूमिका यह दर्शाती है कि साहस और नेतृत्व किसी भी सीमाओं में बंधे नहीं होते।

उनका संघर्ष, त्याग और समर्पण आज भी हर भारतीय के लिए प्रेरणा का स्रोत है।

35

अन्ना चांडी

अन्ना चांडी भारत की पहली महिला जज और उच्च न्यायालय की न्यायाधीश थीं। उन्होंने महिलाओं के अधिकारों और न्याय के क्षेत्र में अपनी पहचान बनाई। अन्ना ने न केवल महिलाओं के अधिकारों के लिए लड़ाई लड़ी, बल्कि यह भी सिद्ध किया कि महिलाएँ न्यायपालिका जैसे क्षेत्रों में भी अग्रणी भूमिका निभा सकती हैं। उनकी उपलब्धि महिलाओं के सशक्तिकरण का उदाहरण है।

अन्ना चांडी का न्यायिक सफर संघर्ष और दृढ़ता का प्रतीक है। 1937 में वे भारत की पहली महिला जिला जज बनीं और बाद में उच्च न्यायालय की न्यायाधीश के रूप में उन्होंने इतिहास रचा। उनकी नियुक्ति उस समय हुई जब महिलाओं के लिए इस प्रकार के पेशे में प्रवेश करना अत्यंत कठिन था। अन्ना चांडी ने अपने कार्यकाल के दौरान महिलाओं के अधिकारों, शिक्षा और समानता के मुद्दों पर लगातार काम किया। उन्होंने समाज में व्याप्त लैंगिक असमानताओं के खिलाफ आवाज उठाई और न्यायपालिका में महिलाओं के लिए एक नया मार्ग प्रशस्त किया। उनका जीवन यह संदेश देता है कि दृढ़ निश्चय और परिश्रम से कोई भी बाधा पार की जा सकती है। अन्ना चांडी का साहस और उनकी उपलब्धियाँ आज भी हर महिला को अपने सपनों को साकार करने और समाज में सकारात्मक बदलाव लाने की प्रेरणा देती हैं। उनका योगदान भारतीय न्याय व्यवस्था और समाज में हमेशा याद किया जाएगा।

36

सावित्रीबाई फुले

सावित्रीबाई फुले भारत की पहली महिला शिक्षिका और समाज सुधारक थीं। उन्होंने अपने पति ज्योतिबा फुले के साथ मिलकर महिलाओं और दलितों की शिक्षा के लिए कार्य किया। सावित्रीबाई ने बाल विवाह, जातिगत भेदभाव और महिला अशिक्षा के खिलाफ संघर्ष किया। उनका जीवन सामाजिक न्याय और शिक्षा के लिए प्रेरणादायक है। सावित्रीबाई ने 1848 में पुणे में पहला महिला विद्यालय स्थापित किया, जो उस समय एक क्रांतिकारी कदम था। उन्होंने न केवल लड़कियों को शिक्षित किया, बल्कि उनके माता-पिता को भी शिक्षा के महत्व को समझाने का प्रयास किया। उनके इस कार्य ने समाज में शिक्षा के क्षेत्र में एक नई क्रांति की शुरुआत की।

सावित्रीबाई फुले ने विधवाओं के पुनर्विवाह, सती प्रथा के उन्मूलन और महिलाओं के आर्थिक सशक्तिकरण के लिए भी महत्वपूर्ण कार्य किए। वे सामाजिक असमानता के खिलाफ आवाज उठाने वाली पहली महिलाओं में से एक थीं। उनका जीवन यह संदेश देता है कि शिक्षा केवल आत्मनिर्भरता का साधन नहीं, बल्कि समाज में बदलाव लाने का सबसे प्रभावी माध्यम है। उनके द्वारा दिखाया गया मार्ग आज भी सामाजिक सुधार और शिक्षा के क्षेत्र में प्रेरणा देता है। सावित्रीबाई फुले का योगदान भारतीय समाज में महिलाओं और दलितों के लिए मील का पत्थर है।

37

मैडम भीकाजी कामा

मैडम भीकाजी कामा भारतीय स्वतंत्रता संग्राम की प्रमुख नेता थीं। उन्होंने पेरिस में भारत का पहला राष्ट्रीय ध्वज फहराया और विदेश में भारतीय स्वतंत्रता आंदोलन का प्रचार किया। भीकाजी कामा ने अपने जीवन को देश की स्वतंत्रता के लिए समर्पित कर दिया। उनका जीवन साहस और देशभक्ति का प्रतीक है। भीकाजी कामा ने स्वतंत्रता संग्राम के लिए आर्थिक और वैचारिक समर्थन प्रदान किया। उन्होंने "वंदे मातरम" नामक पत्रिका के माध्यम से भारतीय स्वतंत्रता आंदोलन के विचारों को विश्वभर में फैलाया। वे यूरोप में भारतीय क्रांतिकारियों की प्रमुख समर्थक थीं और ब्रिटिश सरकार की नीतियों की कड़ी आलोचना करती थीं।

1907 में, जर्मनी के स्टटगार्ट में आयोजित अंतर्राष्ट्रीय समाजवादी कांग्रेस में, भीकाजी कामा ने भारत का पहला राष्ट्रीय ध्वज फहराकर स्वतंत्रता के प्रति अपनी प्रतिबद्धता प्रदर्शित की। यह घटना भारतीय स्वतंत्रता आंदोलन के लिए प्रेरणा का स्रोत बनी| भीकाजी कामा का जीवन यह संदेश देता है कि देशभक्ति सीमाओं में बंधी नहीं होती और हर व्यक्ति, चाहे वह देश में हो या विदेश में, स्वतंत्रता संग्राम में योगदान दे सकता है। उनका संघर्ष और समर्पण आज भी देशभक्ति और निस्वार्थ सेवा का आदर्श प्रस्तुत करता है। उनका नाम भारतीय इतिहास में स्वर्ण अक्षरों में अंकित है।

38

कनकलता बरुआ: असम की वीरांगना और 'पूर्वोत्तर की लक्ष्मीबाई'

कनकलता बरुआ असम की एक अद्वितीय स्वतंत्रता सेनानी थीं, जिन्हें 'बीरबाला' और 'पूर्वोत्तर की लक्ष्मीबाई' के रूप में सम्मानित किया जाता है। भारत छोड़ो आंदोलन के दौरान, मात्र 18 वर्ष की आयु में, उन्होंने अंग्रेजों के खिलाफ असाधारण साहस का परिचय दिया और बलिदान देकर इतिहास में अपना नाम अमर कर लिया।

कनकलता का जन्म असम के बारंगबाड़ी गांव में कृष्णकांत बरुआ और कर्णेश्वरी के घर हुआ। उन्होंने प्रारंभिक शिक्षा के बाद पढ़ाई छोड़ दी ताकि अपने छोटे भाई-बहनों की देखभाल कर सकें। लेकिन उनका देशभक्ति का जज्बा बचपन से ही अद्वितीय था।

1942 में भारत छोड़ो आंदोलन के दौरान, कनकलता मृत्यु-बाहिनी नामक दल में शामिल हुईं, जो गोहपुर उपमंडल के साहसी युवक-युवतियों का एक दल था। 20 सितंबर 1942 को, तेजपुर से 82 मील दूर गोहपुर थाने पर तिरंगा फहराने का निर्णय हुआ।

कनकलता ने तिरंगा थामकर जुलूस का नेतृत्व किया। जब पुलिस ने उन्हें रोकने का प्रयास किया, तो उन्होंने निर्भीकता से कहा, "हम संघर्ष करने नहीं, स्वतंत्रता की ज्योति जलाने आए हैं। आत्मा अमर है, नाशवान तो केवल शरीर है। हम किसी से क्यों डरें?"

जब जुलूस थाने की ओर बढ़ा, तो पुलिस ने गोलियां चला दीं। पहली गोली कनकलता के सीने पर लगी, और दूसरी गोली मुकुंद काकोती को। कनकलता शहीद हो गईं, लेकिन उन्होंने तिरंगा झुकने नहीं दिया। उनके बलिदान से प्रेरित होकर रामपति राजखोवा ने थाने पर झंडा फहरा दिया।

कनकलता बरुआ का बलिदान स्वतंत्रता संग्राम में युवतियों की साहसिक भूमिका का प्रतीक है। उनका जीवन और शहादत यह संदेश देती है कि देश की स्वतंत्रता के लिए नारी शक्ति किसी से कम नहीं है। उनका बलिदान भारतीय इतिहास के स्वर्णिम पृष्ठों में अमर रहेगा।

39
सारांश

वैदिक परंपरा और नारी: राष्ट्र निर्माण की प्रेरणा

भारतीय संस्कृति और वैदिक परंपरा में नारी को अत्यंत महत्वपूर्ण स्थान प्राप्त है। वैदिक युग से लेकर आज के आधुनिक समय तक, नारी ने समाज और राष्ट्र के विकास में अद्वितीय योगदान दिया है। प्राचीन काल में नारी को शक्ति, ज्ञान, और प्रेरणा का स्रोत माना गया। वह केवल परिवार की संरक्षिका नहीं, बल्कि समाज और राष्ट्र की निर्माणकर्त्री भी थीं। वैदिक शिक्षा, संस्कृति, और परंपराओं ने स्त्रियों को वह शक्ति और प्रेरणा दी, जिससे वे समाज और राष्ट्र के हर क्षेत्र में अपने योगदान को प्रमाणित कर सकीं

वैदिक काल में नारी का योगदान

वैदिक काल में नारी को "मूर्धा" समान स्थान दिया गया था, जिसका अर्थ है कि वह समाज का सिरमौर थी। उस समय स्त्रियों को शिक्षा का पूरा अधिकार था। वे गुरुकुलों में जाकर वेद, उपनिषद, दर्शन, गणित, और ज्योतिष का अध्ययन करती थीं। गार्गी और मैत्रेयी जैसी विदुषियों ने समाज को यह दिखाया कि नारी केवल घर की लक्ष्मी नहीं, बल्कि ज्ञान और बौद्धिक क्षमता की धनी है।

प्रेरणादायक उदाहरण:

- **गार्गी:** गार्गी ने अपने ज्ञान और तर्क क्षमता से राजा जनक की सभा में याज्ञवल्क्य जैसे महान ऋषि के साथ शास्त्रार्थ किया और यह साबित किया कि नारी किसी भी क्षेत्र में पुरुषों से कम नहीं है।

- **मैत्रेयी:** मैत्रेयी ने न केवल अपने जीवन साथी के साथ ज्ञान का आदान-प्रदान किया, बल्कि समाज को यह सिखाया कि नारी का उद्देश्य केवल परिवार तक सीमित नहीं है।

वेदों में नारियों को यज्ञों और धार्मिक अनुष्ठानों में समान भागीदारी दी जाती थी। वैदिक मंत्रों की द्रष्टा नारियाँ जैसे घोषा, अपाला, और लोपामुद्रा इस बात का प्रमाण हैं कि नारी ने केवल शिक्षा ग्रहण नहीं की, बल्कि समाज के निर्माण में अपनी भूमिका को भी समझा और निभाया।

"यत्र नार्यस्तु पूज्यन्ते रमन्ते तत्र देवताः।" (मनुस्मृति)
इस श्लोक में स्पष्ट है कि जहाँ नारियों का सम्मान होता है, वहाँ देवताओं का वास होता है। वैदिक काल में नारी को सम्मान देने की परंपरा ने समाज को स्थायित्व और समृद्धि दी।

वैदिक शिक्षा केवल पाठ्य ज्ञान तक सीमित नहीं थी, बल्कि यह जीवन मूल्यों, नैतिकता, और आत्मनिर्भरता की शिक्षा देती थी। नारियाँ इन गुणों को अपनाकर समाज और राष्ट्र को समृद्ध करती थीं। उनके द्वारा बच्चों को दिए गए संस्कार समाज के नैतिक आधार को मजबूत बनाते थे।

स्वतंत्रता संग्राम और नारी की भूमिका

भारतीय स्वतंत्रता संग्राम में नारियों ने अपने साहस और समर्पण से यह सिद्ध किया कि वे राष्ट्र निर्माण की धुरी हैं। झांसी की रानी लक्ष्मीबाई, सरोजिनी नायडू, और अरुणा आसफ अली जैसी महिलाओं ने अपने अदम्य साहस से स्वतंत्रता

संग्राम को नई दिशा दी।

- **रानी लक्ष्मीबाई:** उनका जीवन यह सिखाता है कि नारी केवल घर की संरक्षिका नहीं, बल्कि आवश्यकता पड़ने पर रणभूमि में अपने शौर्य का प्रदर्शन भी कर सकती है। उन्होंने झांसी को अंग्रेजों के हाथों में जाने से बचाने के लिए प्राणों की आहुति दी।
- **सरोजिनी नायडू:** "नाइटिंगेल ऑफ इंडिया" के रूप में प्रसिद्ध सरोजिनी नायडू ने महिलाओं को संगठित किया और स्वतंत्रता आंदोलन में महत्वपूर्ण भूमिका निभाई।
- **अरुणा आसफ अली:** 1942 के भारत छोड़ो आंदोलन में गोवालिया टैंक मैदान पर राष्ट्रीय ध्वज फहराकर उन्होंने साहस और दृढ़ निश्चय का परिचय दिया।

इन नारियों ने यह सिखाया कि जब नारी अपने कर्तव्यों के प्रति सजग हो जाती है, तो वह समाज और राष्ट्र को नई दिशा दे सकती है।

समाज सुधार आंदोलनों में नारी का योगदान: समाज सुधार आंदोलनों में भी नारी का योगदान अमूल्य है। सावित्रीबाई फुले और पंडिता रमाबाई जैसी महिलाओं ने न केवल महिला शिक्षा के लिए कार्य किया, बल्कि समाज की कुरीतियों के खिलाफ भी लड़ाई लड़ी।

- **सावित्रीबाई फुले:** उन्होंने भारत का पहला बालिका विद्यालय स्थापित कर यह दिखाया कि शिक्षा के बिना समाज का विकास संभव नहीं है।
- **पंडिता रमाबाई:** उन्होंने विधवा पुनर्विवाह और महिला शिक्षा के लिए अद्वितीय योगदान दिया।

आधुनिक युग में नारी की भूमिका

आज के आधुनिक युग में भी नारियाँ हर क्षेत्र में अपनी उपस्थिति दर्ज करा रही हैं। कल्पना चावला, इंदिरा गांधी, और इंदिरा नूयी जैसी महिलाओं ने यह सिद्ध किया है कि नारी किसी भी क्षेत्र में सफलता प्राप्त कर सकती है।

- कल्पना चावला: हरियाणा के एक छोटे से गाँव से निकलकर उन्होंने अंतरिक्ष में कदम रखा और भारतीय महिलाओं के लिए प्रेरणा का स्रोत बनीं।
- इंदिरा गांधी: भारत की पहली महिला प्रधानमंत्री ने हरित क्रांति और 1971 के भारत-पाकिस्तान युद्ध में अपने नेतृत्व से यह सिद्ध किया कि नारी नेतृत्व समाज और राष्ट्र को नई दिशा दे सकता है।
- इंदिरा नूयी: पेप्सिको की सीईओ के रूप में उन्होंने वैश्विक व्यापार जगत में भारतीय महिलाओं की पहचान बनाई।

शिक्षा और आत्मनिर्भरता

आज शिक्षा के माध्यम से नारियाँ आत्मनिर्भर बन रही हैं। वे विज्ञान, तकनीकी, और कला जैसे क्षेत्रों में अपनी छवि स्थापित कर रही हैं।

प्रेरणादायक तथ्य:

- महिलाएँ आज वैज्ञानिक अनुसंधान, उद्यमिता, और नवाचार के माध्यम से समाज को सशक्त बना रही हैं।
- ग्रामीण क्षेत्रों में महिलाएँ स्वयं सहायता समूहों के माध्यम से आर्थिक आत्मनिर्भरता प्राप्त कर रही हैं।

वैदिक शिक्षा और आधुनिक नारी

आज की नारी को वैदिक शिक्षा और परंपराओं से प्रेरणा लेनी चाहिए। वैदिक शिक्षा हमें यह सिखाती है कि नारी का स्थान केवल घर तक सीमित नहीं है। वह समाज और राष्ट्र के हर क्षेत्र में योगदान कर सकती है।

प्रेरणादायक संदेश

हर महिला के भीतर असीम शक्ति छुपी हुई है। उसे पहचानना और सही दिशा में

उसका उपयोग करना समाज और राष्ट्र के विकास का मार्ग प्रशस्त कर सकता है। वैदिक युग से प्रेरणा लेकर महिलाओं को शिक्षा, संस्कार, और नेतृत्व की भूमिका में बढ़ावा देना चाहिए।

इस प्रकार, महिलाओं का समर्पण, साहस और ज्ञान आज भी समाज और राष्ट्र के विकास में महत्त्वपूर्ण योगदान दे रहा है। नारी सशक्तिकरण से ही सशक्त राष्ट्र का निर्माण संभव है।

भारतीय नारी वैदिक शिक्षा और परंपराओं से प्रेरणा लेकर समाज और राष्ट्र को नई दिशा दे सकती है। वह केवल परिवार की संरक्षिका नहीं, बल्कि समाज और राष्ट्र की निर्माणकर्ता है।

नारी के बिना समाज अधूरा है। वैदिक परंपरा से प्रेरणा लेकर नारी को शिक्षा, संस्कार, और नेतृत्व की भूमिका में आगे आना चाहिए। यही सशक्त नारी सशक्त राष्ट्र का निर्माण करेगी।

वैदिक उद्धरण

विश्वानि देव सवितर्दुरितानि परासुव।
यद्भद्रं तन्न आसुव।। (यजुर्वेद 30-3)

शब्दार्थ:

विश्वानि - समस्त, देव - हे परमेश्वर ,सवितः - उत्पन्न करने वाले, प्रेरक,
संचालक
दुरितानि - बुराइयाँ, दोष, परासुव - दूर करो, यद् - जो, भद्रं - कल्याणकारी, उत्तम
गुण-कर्म-स्वभाव, तत् - उसे
नः - हमें, आसुव - प्रदान करो

भावार्थ:

साधारण व्यक्ति यह स्वीकार ही नहीं करता कि उसके जीवन में बुराइयाँ, कमियाँ,
दोष या भूलें हैं। इन बुराइयों के कारण न केवल वह स्वयं दुखी रहता है, बल्कि
उसके परिवार, पड़ोसी, समाज और यहाँ तक कि राष्ट्र तक पर इसका नकारात्मक
प्रभाव पड़ता है। जब व्यक्ति स्वयं को दोषमुक्त मानता है, तो उन बुराइयों को दूर
करने का प्रश्न ही नहीं उठता। ऐसे लोग दूसरों द्वारा बताए गए दोषों को सुनने के
लिए तैयार नहीं होते और स्वयं को पूर्णतः सही मानते हैं।

यह मंत्र हमें सिखाता है कि परमेश्वर से प्रार्थना करें कि वे हमारे भीतर की सभी
बुराइयों और दोषों को दूर करें और हमें शुभ, कल्याणकारी गुण, कर्म और स्वभाव
प्रदान करें। जब हम अपनी कमियों को स्वीकार करेंगे, तभी उनका सुधार संभव
होगा। यह आत्मनिरीक्षण और सुधार की भावना हमें एक बेहतर व्यक्ति और
समाज का निर्माण करने में सहायक बनाती है।

उद्धरण और संदर्भ

यह मेरा पहला शोध कार्य है, और शोध कार्यों में सदैव परिमार्जन और परिष्कार की संभावनाएँ बनी रहती हैं। जिस समय शोध लिखा जाता है, उस समय जो तथ्य और दृष्टिकोण उपलब्ध होते हैं, उन्हीं के आधार पर विचार प्रस्तुत किए जाते हैं। हालांकि, जैसे-जैसे शोध प्रक्रिया आगे बढ़ती है, इन विचारों को और अधिक परिष्कृत और सुस्पष्ट करने की संभावनाएँ उत्पन्न होती रहती हैं।

आज जो बात लिखी गई है, वह कल को नए दृष्टिकोण और सूचनाओं के आधार पर बेहतर रूप ले सकती है।

इसलिए, मैं पाठकों से विनम्र अनुरोध करती हूँ कि इस पुस्तक को इस संभावना के साथ पढ़ें कि आगामी संस्करण में इसमें और भी परिमार्जन और सुधार हो सकता है। जो भी त्रुटियाँ वर्तमान संस्करण में हैं, उन्हें भविष्य के संस्करणों में व्यवस्थित और शुद्ध किया जाएगा।

यह पुस्तक व्यापक अनुसंधान और सूक्ष्म विश्लेषण का परिणाम है। इसमें विभिन्न स्रोतों, जैसे- अनेक पुस्तकों, विद्वानों के अध्ययन, और व्यक्तिगत अनुभवों को सम्मिलित किया गया है।

इसके अतिरिक्त, प्रासंगिक जानकारी और आँकड़े जुटाने के लिए विभिन्न वेबसाइटों की भी सहायता ली गई है। मैंने प्रस्तुत जानकारी की सटीकता सुनिश्चित करने के लिए हर संभव प्रयास किया है और सभी स्रोतों का विधिपूर्वक उल्लेख किया है, ताकि उनके योगदान को सम्मानित किया जा सके।

इन सभी प्रयासों के बावजूद, अनजाने में त्रुटियाँ होने की संभावना बनी रहती है। मैं अपने पाठकों के विचारों और सुझावों को अत्यधिक महत्व देती हूँ। यदि किसी त्रुटि की पहचान होती है, तो उसे सुधारने के लिए आपका सुझाव स्वागत योग्य और आवश्यक है। आपके सुझाव न केवल इस संस्करण को बेहतर बनाएंगे, बल्कि भविष्य के संस्करणों की गुणवत्ता को भी उत्कृष्ट बनाएंगे।

मैं अभिव्यक्ति की स्वतंत्रता के संविधान द्वारा सुनिश्चित अनुच्छेद 19(1)(क) का पालन करते हुए, सभी पाठकों के विविध दृष्टिकोणों और विचारों का सम्मान करती हूँ। मेरा उद्देश्य अपनी कृतियों में उच्चतम स्तर की सटीकता और विश्वसनीयता बनाए रखना है। आपके समर्थन और समझ के लिए मैं हृदय से आभार व्यक्त करती हूँ।

सूचनार्थ

धृति घिमिरे

dhritighimire@yahoo.com

॥ लोकाः समस्ताः सुखिनो भवन्तु ॥

॥ शुभं ॥